图解ERP
轻松跟我学企业管控 II

辛明珠◎著

清华大学出版社
北京

内 容 简 介

企业"家"文化是企业发展的灵魂,也是企业管理发展的最高阶段。绩效、SOP、岗位职责、精益生产、6S、ISO等管理思想方法是支撑企业"家"文化管理体系的身躯;ERP、OA、PDM、MES、HR等管理软件是支撑企业"家"文化管理体系的骨架。以上这些管理思想、管理方法和管理软件相互融合成为一个整体,才能最终实现"家"文化管理体系的建设。

本书是一本通俗易懂、图文并茂的企业管理类书籍,通过漫画的形式对企业"家"文化的建设做出了详细解读,在讲解管理软件的搭建方法时,穿插了一些灵活的行业案例或其个企业的实际案例,非常适合各中小企业的各级管理者和员工学习和使用。当你和你的团队能够通过本书改变企业陋习并提升管理效率的时候,你将有可能成就一段辉煌的职业生涯。

本书封面贴有清华大学出版社防伪标签,无标签者不得销售。
版权所有,侵权必究。举报: 010-62782989,beiqinquan@tup.tsinghua.edu.cn。

图书在版编目(CIP)数据

图解ERP: 轻松跟我学企业管控. 2 / 辛明珠著. —北京: 清华大学出版社,2016(2024.6重印)
ISBN 978-7-302-43054-4

Ⅰ.①图… Ⅱ.①辛… Ⅲ.①企业管理-计算机管理系统-图解 Ⅳ.①F270.7-64

中国版本图书馆CIP数据核字(2016)第033949号

责任编辑: 郑维伟
封面设计: 刘 超
版式设计: 刘艳庆
责任校对: 赵丽杰
责任印制: 丛怀宇

出版发行: 清华大学出版社
    网 址: https://www.tup.com.cn, https://www.wqxuetang.com
    地 址: 北京清华大学学研大厦A座 邮 编: 100084
    社 总 机: 010-83470000 邮 购: 010-62786544
    投稿与读者服务: 010-62776969, c-service@tup.tsinghua.edu.cn
    质量反馈: 010-62772015, zhiliang@tup.tsinghua.edu.cn
印 装 者: 三河市君旺印务有限公司
经 销: 全国新华书店
开 本: 170mm×230mm 印 张: 15 字 数: 181千字
版 次: 2016年2月第1版 印 次: 2024年6月第10次印刷
定 价: 38.00元

产品编号: 066521-01

序　言

　　每个杰出的公司都有其无往不胜的成功之处，如果你探究这些成功之处，你就会发现，它们都有一个共同点，那就是这些杰出的公司都有着强有力的企业文化，都把企业文化建设作为企业发展战略的重要组成部分并付诸实施。文化是引领企业发展的"魂"，是凝聚员工心智的"根"。企业文化潜移默化地影响和改变着每一位员工的工作乃至生活，逐渐深入到他们的灵魂中，形成符合大多数员工利益的意识，成为一种向心力，凝聚着企业内部的力量，为企业的发展打下稳固的根基。然而大多数企业却把文化当作挂在墙上的标语摆设，虽然也有口号和方法，但是就是无法推行和落实到每个员工的心中。这究竟是为什么？

　　归根结底，企业文化其实是一整套系统的结合体，是持续多年引入推行多种管理方法及管理工具而孕育出来的果实。例如，为了保证产品质量，企业会引入推行 ISO、TS 16949 等相关的质量管理体系；引入办公自动化系统，构建公开、公正、透明的办公环境，可以减少员之间的扯皮现象，使员工形成对制度负责的行为习惯、形成法制管理的思维氛围；引入 ERP、MES 等管理软件，可以提升企业的管理效率、固化业务流程、固化岗位职责、保证产品品质；6S 的推行，提升了员工的职业习惯素养，培养员工良好的行为习惯，使员工成为爱整顿、有安全责任意识、有纪律的高素质群体，从而改善办公现场和生产管理现场的环境；绩效考核的推行可以保证分配公平、多劳多得、奖惩分明，令有功者得到认可表彰、犯错者受到批评指正，从而进一步调动员工的工作热情。再加上公司人性化的关怀，可以让员工倍感温馨。法制公正、透明的生活办公环境＋优越的管理方法＋高素质的员工素养＋企业人性化关怀＋领先的产品技术＋明确的企业使命和价值观，等于一套无法复制、无法比拟、具备个性并值得员工自豪和守护的"家"文化。

企业"家"文化，不是空洞的、可以随意照搬照抄的企业文化口号，而是一套全方位的管控体系，是将多种角度的管理范畴（管理思想类：企业文化、人力资源、ISO、6S、现场管理、精益生产、提高员工责任心执行力、绩效考核、教导型组织等；管理软件类：ERP、OA、PDM、MES、HR）重新有机整合，形成一套全面的管理体系。没有管理方法和工具支撑的"企业文化"只是一个无用的摆设。

本书第1章简述"家"文化的神奇魔力并引出其对于企业管理的必要性，第2章会向读者展示"家"文化样板房所呈现出来的效果图。接下来的章节就是讲解这样的"家"应该如何逐步搭建。

第3章用通俗易懂的漫画，勾画出"家"文化体系的全局面貌。同时，用直观形象的建房子的过程做类比，更便于读者看清各体系间的相互支撑关系。从"家"设计（确定企业使命、价值观、组织结构、规章制度）、打地基（打造有素养、有执行力的团队）、搭建毛坯房（借鉴成熟标准管理软件模块快速搭建管理框架）、装修（完善细化管控点，逐步改善提升）到最后文化建设（文化教导塑习惯）。

第4章主要讲"家"设计确定企业使命、愿景、价值观，明确核心竞争力，明确业务流程、岗位职责及相关规章制度。

第5章主要讲打地基。如何巧用OA打通企业内部信息流，把公司日常事务摆到桌面上使其透明化，事事有人担当，提高团队的协同力，构建透明、公开的办公管理平台，提升员工素养，提高执行力，为以后的工作奠定好基础。

第6章至第10章主要讲搭建毛坯房，具体内容是如何巧用ERP固化各个职能部门的流程、职责，打通物流、资金流的管控；如何巧用APS-MES实现精益JIT生产；如何巧用PDM提升研发设计管理效率；如何巧用HR做好后勤保障工作，搭建以人为本的人力资源管控平台。其中第10章特别讲解了集团型企业搭建信息化管理体系的特点和注意点。

第11章主要讲针对毛坯房进行装修，如信息管控系统细化调整，逐步提升内部管控目标；对ERP与ISO、实际业务流程进行融合再造；通过推行6S来对办公场所、生产现场进行有效管理，培养员工良好的行为习惯。以绩效管理为导向，细化业务流程和职责，编写SOP和岗位职责。

万事俱备，只欠东风。有了之前管理科学的相关工具的支撑，接下来就可以推行相关的文化宣传教导了。最后一章主要讲述的就是企业如何进行企业文化宣传。

在此作者要感谢以下各领域老师的鼎力支持，感谢你们对本书的贡献。

企业管理专家：陈涛、邵雨、刘育良、闫树全

PDM 研发总监：石浩然、江卫、叶小工

MES 研发总监：陈进、汪校正

APS 研发总监：董军

OA 研发总监：李东升

注册会计师：赵高峰

ISO 顾问：张新

6S 顾问：袁强威

绩效管理：刘伟荣、杨刚

精益生产：唐殷泽、吕宁

正航软件集团董事长：赖光郎、刘立德

辛明珠

目 录

第1章 企业"家"文化管理必要性 ... 1
- 1.1 为何员工总喜欢选择外企等大型企业 ... 2
- 1.2 企业文化概念及魔力 ... 4
- 1.3 民企"家"文化建设的必要性 ... 5

第2章 企业"家"文化展示 ... 9
- 2.1 有目标、有追求的家——使命、愿景、价值观 ... 9
- 2.2 温馨的家——健康、平安、开心、被关怀、被肯定、被原谅 ... 11
- 2.3 团结的家——分配公平、团队精神、融洽沟通 ... 15
- 2.4 主观能动的家——股权分配、自动自发、不断学习、积极创新 ... 16
- 2.5 勤俭节约的家——提高工作效率、减少浪费 ... 17
- 2.6 书香门第之家——教导型团队、懂得感恩、诚信实在、廉洁自律 ... 18
- 2.7 有规矩的家——所有人对制度负责 ... 20

第3章 "家"文化管控体系建设过程 ... 21
- 3.1 "家"文化管控体系建设步骤 ... 21
- 3.2 巧用ERP"标准管理模块"搭建毛坯房 ... 27

第4章 "家"设计 ... 33
- 4.1 塑造企业文化核心：使命、愿景、价值观 ... 34
- 4.2 让"核心竞争力"在竞争中脱颖而出 ... 39
- 4.3 组建以"快速反应"为服务宗旨的业务流程体系 ... 46

第 5 章 打地基——巧用 OA 构建公开、公正、透明的办公环境 51
5.1 OA 功能模块介绍 52
5.2 日常事务协同管控应用 55
5.3 新闻公告调查讨论应用 58
5.4 文档管理应用 62
5.5 计划总结日志管控应用 63
5.6 日常支出管控应用 67
5.7 客户关系管控应用 70
5.8 知识培训管理应用 80

第 6 章 巧用 ERP 构建物流、资金流管控平台 82
6.1 整体业务流程描述 83
6.2 销售流程管控 86
6.3 采购流程管控 90
6.4 仓库流程管控 95
6.5 BOM 工艺管控 98
6.6 生产计划管控 101
6.7 生产流程管控 104
6.8 委外生产管控 108
6.9 财务管控 111

第 7 章 巧用 APS-MES 实现精益 JIT 生产 120
7.1 企业使用 ERP 后生产管理仍存在问题 120
7.2 MES 数据实时采集带来的管理变革 124
7.3 MES 生产排程——让民企也精益 JIT 131
7.4 MES 和 ERP 对接及实施方案 136

第 8 章 巧用 PDM 提升研发设计管理效率 142
8.1 当前制造业企业面临的新挑战 143
8.2 PDM 功能讲解 144
8.3 PDM 与其他系统集成及安全性 149

第 9 章　巧用 HRM 做好人力资源后勤保障管控 ... 151
9.1　HR 信息化革新思路 ... 151
9.2　从组织结构入手 ... 153
9.3　选人环节 ... 154
9.4　育人环节 ... 158
9.5　用人环节 ... 160
9.6　留人环节 ... 167
9.7　落幕 ... 170

第 10 章　集团型企业信息化特点 ... 171
10.1　集团型企业管理特点 ... 171
10.2　集团型企业信息化应用特点 ... 176
10.3　集团型企业信息化实施方法 ... 180

第 11 章　逐步装修"家"管理体系 ... 182
11.1　通过信息管控系统细化调整，逐步提升内部管控目标 ... 182
11.2　ERP 与 ISO、实际业务完美融合——新体系 ... 187
11.3　6S 现场管理 ... 191
11.4　精益生产 ... 198
11.5　绩效管理无处不在 ... 202
11.6　编写岗位职责和流程操作手册 SOP ... 209

第 12 章　"家"文化建设方案 ... 214
12.1　将企业文化梳理出来 ... 214
12.2　将企业文化在内部宣传出来 ... 215
12.3　将人文关怀行动起来 ... 218
12.4　将奖励、处罚公布出来 ... 219
12.5　将行为规范统一起来 ... 219
12.6　将企业文化、教导组织培育起来 ... 220
12.7　企业文化品牌外部宣传起来 ... 222
12.8　中国企业执行文化的建立：从老板开始 ... 223
12.9　文化执行的五要素：执行力、榜样、沟通、授权、监督 ... 224

结语 ... 228

第 1 章　企业"家"文化管理必要性

◎ 为何员工总喜欢选择外企等大型企业
◎ 企业文化概念及魔力
◎ 民企"家"文化建设的必要性

本章提示：

本章通过员工的印象对比，显示出外企文化氛围上的优势，来凸显广大中小民企"家"文化管理模式建设的必要性和紧迫性。

激烈的市场竞争，表面上是"产品研发及售后服务"的竞争，深层次是"企业管控出效益"的竞争，其实最终体现的是"企业文化"所带来的员工凝聚力的竞争——团队的竞争。企业的发展过程也必然要经历从最初的只注重"产品研发"和"售后服务"的竞争，到认识"完善管控体系"所体现出来的效益竞争，以及到最后的"企业文化"精神层面所激发出来庞大的团队主观能动性这样的阶段，如图 1-1 所示。

图 1-1　企业"家"文化

1.1 为何员工总喜欢选择外企等大型企业

1. 工资高、福利好：年终奖、十三薪资、商业保险、子女福利、平时经常发点东西、出国培训机会、工作环境好

我妻子曾经也在外企工作过几年，这几年中发生过许多让我感到意外的事。首先是她刚进公司就接受为期3个月的培训，住的是高档酒店；平时的工作环境宽敞大气，休息室、咖啡厅，应有尽有；工作满一年，就可以多发一两个月的工资；公司给每个员工购买多类保险，涵盖员工及员工子女，特别是在员工子女的出生、医疗、课外教育等方面，公司都花了很多精力，平时的子女医疗所需费用全部由工会支出；还有丰厚的年终奖，出国培训机会等。针对这样的福利待遇，我当时都不想创业了，也想去外企安逸地享受稳定的生活，如图1-2所示。

图1-2 高福利的外企吸收大批人才

2. 规范的管理制度：职责明确，报酬奖金明确，晋升机会明确

规范的企业因为岗位职责细化明确，形成一套SOP流程体系，

第1章 企业"家"文化管理必要性

新员工入职后可以即时培训上岗,员工之间不会因为工作职责不明确而产生矛盾。每个人只要把自己的本职工作做好就行了。报酬奖金制度明确,职位升迁标准也明确,公司信守承诺,严格执行。这样,员工的工作心态就是比较放松,不会有猜疑心理,也不会产生复杂的工作心理压力,如图1-3、图1-4所示。

图1-3 规范的管理制度体系

图1-4 权责分明的工作职责

3. 有荣耀感:在大公司工作,受国际化管理环境熏陶,平时交际圈也很高端时尚

不过,大公司确实有大公司的企业宗旨和团队协作精神。大公司的整体成就是团队协作的结果,作为团队中的一员,确实会令人感到无比荣耀和骄傲,如图1-5所示。

图1-5 大公司带来的荣耀感

1.2 企业文化概念及魔力

企业文化是企业的灵魂和旗帜。杰出的大公司都有强有力的企业文化，都把企业文化建设作为企业发展战略的重要组成部分来付诸实施。

企业文化是企业在生产经营实践中逐步形成的，为全体员工所认同并遵守的，带有本组织特点的使命、愿景、宗旨、精神、价值观和经营理念，以及这些理念在生产经营实践、管理制度、员工行为方式与企业对外形象的体现的总和。

如果一个企业的文化能够使员工工作得舒心和顺畅，那么他们就更有可能加倍努力。人们在他们工作生涯的各个阶段，都要了解文化的意义以及它怎么样起作用，因为它很可能对他们的工作和生活产生强有力的影响。工作生涯开始时，员工会认为工作只是养家糊口而已，但是一旦他选择了某个企业，实际上也就是选择了一种生活方式。这家企业的文化以强有力但又极其微妙的方式改造着他的一切。企业文化可以使工作人员变得勤快或者拖沓，可以使管理者变得严厉或者友好，可以使一个人融进集体或者孤僻独行。很多人在工作了几年之后，他们的举止就会被文化所制约，尽管他们对此还一无所知。一旦他们调换工作，他们就会为自己的状态大吃一惊。企业文化就是以这种潜移默化的影响改变着每一个人的工作乃至生活。

因此，很多企业都着力建设一种既能促进企业发展，又能满足员工个人成长的企业文化，以促进员工对企业文化的认同，使企业文化深入每个员工的灵魂中，在每个员工的努力下，达到发展企业、满足员工的目的。

第 1 章　企业"家"文化管理必要性

企业文化不是照搬照抄他人的口号和方法，也不是为了做样子给别人看。只有真正被全体员工认同的企业文化才能称得上是企业之魂。对外来说，这是企业的一面旗帜，是企业树立形象和信誉的一种方式。对内来说，这是一种向心力，凝聚着企业内部力量，为企业的不断发展打下稳固的根基。因此，企业文化是真正有价值、有魅力的东西，是真正流传下去、成为一个企业灵魂的东西。

1.3　民企"家"文化建设的必要性

一直以来，没有人才、花高昂薪资招到了人才最后却留不住、缺乏完善的管理制度、团队缺乏责任心、工作心态被动等，一直是困扰民企老板的心头大患。再对比外企带给打工者的印象，足以让民企感到压力和紧迫感。外企让员工感受到了家一样的温暖、家一样的细致关怀、家一样的公平制度——尊重员工、信任员工、把员工当家人看待，让员工得到了满足和尊重。员工遇到这样来之不易的团队，自然不想离开，自然自动自发地把事情做好，以防止落后而被其他人竞争上岗；同时，在团队整体奋进的氛围下自动自发地发挥主观能动性。员工主动性、责任心被激发出来了，团队之间的协作自然也就和谐积极，从而爆发出团队的巨大力量。一个主观积极的团队无论在研发、营销、售后服务还是在生产环节上，所取得的成绩肯定都是优秀的，如图1-6所示。

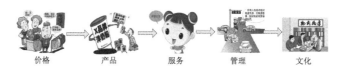

图1-6　企业竞争力发展趋势

价格竞争：低价格吸引客户。

产品竞争：通过研发创新提高产品技术含量，提高产品质量，注重品牌影响力。

服务竞争：搞好服务环节，提高产品附加值。

管理竞争：通过规范管理达到降低浪费、提高效率、保证产品质量、保证服务质量的目的。

"家"文化竞争：通过企业文化的宣传教导，激发员工主动性、积极性、责任心，提高团队整体协作执行力，发挥团队的力量。

总之，只有"家"文化管理模式，才能留住人才，才能让公司稳健发展；只有"家"文化管理模式，才能激发员工主动性、积极性，调动员工的责任心；只有"家"文化管理模式，才能调动团队整体协作的竞争力，让企业在竞争中处于不败地位；只有"家"文化管理模式，才能铸就百年品牌企业。

如何提高员工责任心？
为何常见的管理咨询往往难以落地执行？

很多企业安排员工去听企业管理课程，去阅读企业管理书籍，或者请老师到公司来讲课，穿插很多故事和案例，听上去很有道理，令人热血沸腾。但是结束后，大家依然不明白：该如何执行呢？

增加工资待遇。刚开始，员工会因为要对得起工资而增加责任心，但是如果岗位职责划分不到位，则会造成员工之间在工作上的矛盾。例如，某位员工主动接受了一件新的哪怕很小的事情，以后再遇到该事大家就会理所当然地全部找他。久而久之，这事就是他的工作了，时间长了，好心的员工手头上的事情会越来越多，成为公司的救火主力。如果老板给他增加工资，其他员工又

第1章 企业"家"文化管理必要性

会抱怨不公平,反而产生怨恨。最后好心的员工也明白了,即使再有新的事,他想去做也不会去做,即使只有他会做,他也会装作不会做,因为之前的这件事告诉他吃力不讨好,报酬分配不公平。那么如何才能让报酬分配公平呢?需要制定一个合理的绩效考核制度。如果绩效考核光靠领导的感觉,就会有员工拍马屁,最后拉帮结派,形成复杂的"企业森林"。后来学会了用数据说话,数据需要统计,统计人员需要增加成本,同时效率又低,不能做到公正、客观、透明。然后学习大企业引入了信息化管理系统,该系统对大多数企业而言也是新颖的,很多企业买了系统最后都是以导入失败告终。要么是以工作方式不习惯为理由不配合,要么是因为岗位职责调整而抱怨,要么是因为影响高层利益而被抵制。如果信息系统推行起来了,岗位职责划分也很清晰,绩效考核也很到位,信息系统也已经导入,各岗位之间又会因为协同沟通而踢皮球,因为每个人只想做自己分内之事,但是都忽略了还有需要多个岗位共同做的事,即缺乏整体团队精神。长此以往,员工会因为机器人式的每天两点一线的枯燥工作而感到乏味,缺乏工作热情。即使企业后来又注重人力资源方面的全面发展管理,对员工关怀、组织活动等,但是这些只能让员工开心,却一直没法提高员工的激情和主观能动性。这些员工都是带着打工的心态去工作,令企业无法从根本上带动员工的主动性,以及更重要的团结协作精神。然后企业又开始想新的办法:分配股权,企业主要员工都是老板了,就开始关心公司的利润、关心公司的发展,也有了一定的团结精神。但是又有一个新问题:企业只有更好地发展了,在竞争对手中处于不败之地才能发展得好,才有利润分。为此各部门还需要一个向心力,一个共同的方向,企业宗旨,企业文化,企业规章制度。这些将所有员工紧紧地团结在一起,让员工看到未来的方向,认识到工作的意义,做事更有动力,有整体荣耀感。

通过以上推理得出一个结论:"员工缺乏责任心"只是企业问题的一个表面现象,其根本原因在于企业内部缺乏一整套的文化管理体系。

原来只有解决了整套的文化管理体系,才能从根本上解决企业各方面的管理表象问题!

这就是为什么上了很多的企业管理咨询课程,最后却发现难以落实执行的原因,如图1-7、图1-8所示。

图1-7 再美的管理培训落实不了都只能是幻想

图1-8 通过表面症状,找到问题的根本原因,辨证施医,综合调理,才能治本

第 2 章 企业"家"文化展示

◎ 有目标、有追求的家——使命、愿景、价值观
◎ 温馨的家——健康、平安、开心、被关怀、被肯定、被原谅
◎ 团结的家——分配公平、团队精神、融洽沟通
◎ 主观能动的家——股权分配、自动自发、不断学习、积极创新
◎ 勤俭节约的家——提高工作效率、减少浪费
◎ 书香门第之家——教导型团队、懂得感恩、诚信实在、廉洁自律
◎ 有规矩的家——所有人对制度负责

本章提示：
本章通过漫画来展示企业在"家"文化管理模式下呈现出来的理想效果。通过"完美家庭的鸟瞰图"来激发企业构建"家"文化管理体系的欲望。表面上看，这些是可以随意复制并宣传的口号举动，但实际上，"家"文化是各种管理体系及管理工具作为支撑的成果。没有管理工具支撑的"家"文化只是海市蜃楼，无法灌输落实到每个员工的心中，也得不到员工的认可、尊重和拥护。

2.1 有目标、有追求的家——使命、愿景、价值观

作为一个人，要有自己清晰的人生定位以及个人存在的价值观。作为一个家庭组合，应该有家庭的生活目标定位和生活追求：租房

子住，还是买房子，还是住别墅？买豪车还是低碳环保的节能车？这样活着才有奔头，才有存在的意义。

作为一个企业，小到几个几十个家庭，多到成千上万的家庭组合，本着对这些家庭负责的态度，更应该明确企业宏伟的发展目标，让员工看到未来的方向，看到生活的希望。除了目标外，企业还应明确公司的宗旨，让员工感觉公司所从事的事业在社会发展中所体现的伟大意义，让员工在外面充满荣誉感和自豪感。

1. 使命、愿景——让员工活得有方向、有动力

（1）使命

我们是谁？干什么的？为什么存在？只有认清自己的使命，带着使命责任感去创业，才会更有奋斗目标，才会将企业做大做强。

（2）愿景

愿景为企业发展指明方向，凝聚人才，将个人目标与企业目标相结合，将个人命运与企业命运相结合。企业是一个有共同理想、共同使命的生命联合体。每个人不再是一个被动的服从者，而是为了共同目标进行创新学习的开拓者，如图2-1所示。

图2-1 企业的使命及愿景

2. 价值观——让员工知道如何正确对待工作

企业价值观体现了企业的精神风貌和风气，对企业及员工行为起到导向和规范作用。

只顾眼前利益的价值观，就会急功近利，搞短期行为，使企业失去后劲，导致灭亡。

企业具备了精神风貌也就具有了克服各种困难的强大的精神支柱，如图 2-2 所示。

图 2-2　引导员工正确的价值观

2.2　温馨的家——健康、平安、开心、被关怀、被肯定、被原谅

家和万事兴，所以家应该充满温馨。温馨体现在健康、平安、开心、被关怀、被肯定、被原谅这几个方面。

1. 健康——身体和心理

饮食——企业食堂饮食卫生、可口，如图 2-3 所示；

运动——组织集体运动会，每天早晨做操，如图 2-4 所示；

心理——关注心理健康，如图 2-5、图 2-6 所示。

图2-3 保证食堂饮食卫生、可口

图2-4 组织员工健身

图2-5 关注员工身心健康

图2-6 关心员工的婚姻生活

2. 平安——生产和出行

企业生产安全——企业生产安全责任落实、防范,如图2-7所示;
员工生活安全——员工日常生活安全提醒、宣传,如图2-8所示。

图2-7 注意车间生产安全

图2-8 注意日常生活安全

第 2 章 企业"家"文化展示

3. 开心——心情愉悦地投入工作

福利待遇——满足基本生活保障，无后顾之忧，如图 2-9 所示；

工作环境——办公室装修得比家里还舒服，员工向往的天堂，如图 2-10 所示；

联欢活动——增进员工间团结、协作，如图 2-11 所示；

细致关怀——把惊喜留在员工忘不掉的美好回忆里，如图 2-12、图 2-13 所示。

图 2-9　齐全高标准的福利待遇

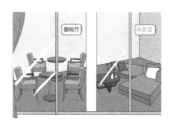
图 2-10　有咖啡厅、休息室，创意的办公室布局

图 2-11　联欢活动

图 2-12　定期的拓展训练或者娱乐比赛

原来工作也是一件很开心的事情！

感受工作过程中的惬意和惊喜！

忆往昔：一起奋力拼搏、同甘共苦！

图 2-13　节日惊喜关怀

4. 被关怀——患难见真情

生活困难——照顾、慰问生活困难的员工，如图2-14所示；

生病不适——关心、看望生病的员工，如图2-15所示。

图2-14 看望困难的员工

图2-15 看望生病的员工

5. 被肯定——及时表扬认可员工行为

工作做得好要表扬、激励，让员工充满信心，认识到自己的价值，如图2-16所示。

6. 被原谅——正确引导员工意识到其错误行为的后果

工作做得不对时，本着客观、对事不对人的态度，用教育的方式批评，让员工不仅仅领悟到正确的工作方法，而且想出更多的改进方法，反面激发员工的主人翁意识，如图2-17所示。

图2-16 对员工及时表扬

图2-17 原谅员工的过失

第 2 章 企业"家"文化展示

2.3 团结的家——分配公平、团队精神、融洽沟通

1. 按劳分配,保证公平——信任和团结的基础

在按劳分配的体系里,让一线劳动者收入超过管理人员成为可能,如图 2-18 所示。

图 2-18 严格执行"按劳分配"原则

2. 团队精神——只有靠团队精细化分工合作才能成就大事业

详细内容如图 2-19 所示。

细化岗位职责、各善其长
+
齐心协力、融洽沟通
=
团队力量

图 2-19 激发团队凝聚力

3. 融洽沟通——精细化分工只有靠融洽的沟通才能合作成团队

2.4 主观能动的家——股权分配、自动自发、不断学习、积极创新

1. 股权分配——让员工清清楚楚地看到自己主人翁的角色

详细内容如图 2-20 所示。

图 2-20 股权激励

2. 自动自发——在分工合理、按劳分配的前提下，自己的事情自己主动去做

详细内容如图 2-21 所示。

企业是我家，我是家的一名成员，只有我努力，家才会发展得更好，只有家发展好，我才会更好。

图 2-21 树立员工"家"的意识

3. 不断学习——通过不断地学习把自己的本职工作做得更好

第 2 章 企业"家"文化展示

4. 积极创新——让自家的产品处在行业领先地位

详细内容如图 2-22 所示。

创新引领时尚,科技成就辉煌。
人无我有,人有我优,人优我新。
创新力是企业的核心竞争力。

图 2-22 创新才是核心竞争力

2.5 勤俭节约的家——提高工作效率、减少浪费

1. 提高工作效率——减少成本

详细内容如图 2-23 所示。

日复一日、年复一年
10 年过去了!
养成工作要有计划的习惯
提高人生、工作效率
共创企业愿景目标

图 2-23 严格执行工作计划

2. 减少浪费——增加利润

详细内容如图 2-24 ~ 图 2-26 所示。

图 2-24　车间用料管控浪费　　　图 2-25　日常办公用品节省

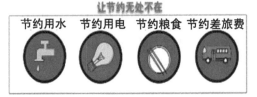

节约成本
就是
增加利润

图 2-26　节约标识

2.6　书香门第之家——教导型团队、懂得感恩、诚信实在、廉洁自律

1. 教导型团队——如何做一名合格的领导、合格的员工、合格的人

通过教育培训，提高员工修养，提高工作技能；让员工成为上进、有目标、有包容心、有责任感、有技能的综合高素养的人才，如图 2-27 所示。

图 2-27　培养员工爱读书的氛围

第2章 企业"家"文化展示

2. 懂得感恩——感恩父母、感恩公司、感恩同事、感恩亲朋、感恩社会

举办感恩活动——每个员工列举感恩公司、同事、社会的各15条具体详细行为理由。逐个上台分享其感恩故事！如图2-28、图2-29所示。

图2-28 教员工感恩父母　　图2-29 教员工用感恩的心态生活工作

3. 诚信实在——企业的品牌、个人的人品

详细内容如图2-30所示。

图2-30 诚信是根本

4. 廉洁自律——问心无愧享受生活

详细内容如图2-31所示。

生活已经喜乐无忧
做人要遵守规则
无需贪图不必要的便宜

图 2-31　君子爱财，取之有道

2.7　有规矩的家——所有人对制度负责

敬畏制度——所有人对制度负责

详细内容如图 2-32 所示。

让管理法制化
　　用公开、公正、透明，且可以被监督执行的规章制度来取代领导的颐指气使、雷霆万钧！
　　让管理行为文明、斯文、优雅！

图 2-32　严格执行制度

第 3 章 "家"文化管控体系建设过程

◎ "家"文化管控体系建设步骤
◎ 巧用 ERP "标准管理模块"搭建毛坯房

本章提示：

企业"家"文化管控体系是将多种角度的管理范畴（管理思想类：企业文化、人力资源、ISO、6S、精益生产、绩效考核等；管理软件类：ERP、OA、PDM、MES、HR）重新有机整合，形成一套全面的管理体系。本章用通俗易懂的漫画，勾画出"家"文化体系的全局面貌。同时，用直观形象的建房子的过程做类比，更便于读者看清各体系间的相互支撑关系。从"家"设计（确定企业使命、价值观、组织结构、规章制度）、打地基（打造有素养的、有执行力的团队）、搭建毛坯房（借鉴成熟标准管理软件模块快速搭建管理框架）、装修（完善细化管控点，逐步改善提升）到最后的文化建设（文化教导塑习惯）。管理软件是搭建毛坯房的主体部分，因此本章会重点讲解一些常见的管理软件。

3.1 "家"文化管控体系建设步骤

一、"家"文化是很复杂的一整套系统工程

"家"文化是激发员工主动性、积极性、责任心的"根"，是调动团队整体协调能力的"魂",是企业未来无往不胜的核心竞争力。有些企业的企业文化能够潜移默化地影响和改变每一个员工的工作乃至生活,并逐渐深入到他们的灵魂中,形成符合大多数员工利益的意识,成为一种向心力,凝聚企业内部的力量,为企业的不断发展打下稳固的根基,如图 3-1 所示。可是还有一些企业,它们的文化只是挂在墙上的标语摆设,虽然也有口号和方法,但是就是无法推行和落实到每个员工的心中。这究竟是为什么?

图 3-1 企业"家"文化

"家"文化是一整套系统的结合体,是持续多年引入推行多种管理方法及管理工具孕育出来的果实。例如,为了保证产品质量,引入推行 ISO、TS 16949 等相关的质量管理体系;为了提升员工职业素养、规范现场管理,引入 6S 体系;为了将工作流程标准化,工作职责固化,引入各种 ERP 管理软件,并形成 SOP(业务流程操作手册);为了激励处罚公平,对员工的工作成果做量化考评,引入绩效体系等。管理思想的执行离不开信息化管理技术的支撑,

第3章 "家"文化管控体系建设过程

如绩效考核需要用数据说话；精益生产中的自动化生产排程，需要借助高效的软件算法支撑；车间数据的实施反馈也需要借助扫码、RFID、数控联网等技术来支撑。就连公开、公正、透明的办公环境，也需要借助办公自动化软件来实现。

办公自动化系统，构建了公开、公正、透明的办公环境，减少了员工之间的扯皮现象，使员工养成对制度负责的行为习惯、形成法制管理的思维氛围；ERP、MES等管理软件的引入，提升了企业管理效率，固化了业务流程和岗位职责，保证了产品质量；6S的推行，进一步提升了员工的职业习惯素养，让全体员工养成了爱干净、清洁、有序的习惯，成为爱整顿、有安全责任意识、有纪律的高素质群体，从而也改善了办公现场和生产管理现场的环境；绩效考核的推行保证了分配公平，多劳多得，奖惩分明，有功者得到认可表彰，犯错者受到批评指正，从而进一步调动员工的工作热情。再加上公司人性化的关怀，可以让员工倍感温馨。法制公正、透明的生活办公环境＋优越的管理方法＋较高的员工素养＋企业人性化关怀＋领先的产品技术＋明确的企业使命和价值观，等于一套无法复制、无法比拟、具备个性的并值得员工自豪和守护的"家"文化。

二、"家"文化体系建设步骤

作者将用搭建房子的过程来类比"家"文化的建设过程（见图3-2），以便读者更清楚地理解。搭建一幢房子，首先，要设计图纸，全方位考虑好功能应用，确保整体方向的正确，不走弯路。然后是打地基，为了保证房子牢固经久不倒，务必要打好地基，地基稳，后续工作进展才能顺利。地基打好后，接着就需要按照图纸来设计搭建毛坯房，建造各个基本功能模块框架。毛坯房建好后，经过质量验收,房子交付。接下来就需要启动下一阶段的内容,即细节装修、功能完善,甚至有可能还会做一点个性化改善。支撑房子结构的主题装修好后,接下来就是购置家具用品,直至成为真正能够入住的房子。最后通过主人的入住及行为活动,让房子具备了有活性的"家"。

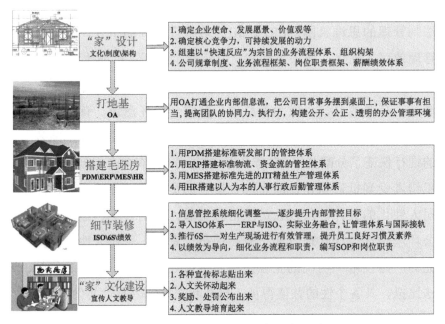

图3-2 "家"文化管控体系建设过程框架

1."家"设计

(1)确定企业使命、发展愿景、价值观等。

(2)确定核心竞争力,可持续发展的动力。

(3)组建以"快速反应"为宗旨的业务流程体系、组织构架。

(4)公司规章制度、业务流程框架、岗位职责框架、薪酬绩效体系。

2. 打地基

用 OA 打通企业内部信息流，把公司日常事务摆到桌面上使其透明化，保证事事有担当，提高团队的协同力、执行力，构建公开、公正、透明的信息化办公管理环境。任何疑问都可以在办公平台上寻找答案，养成职业化白领办公素养。

3. 搭建毛坯房

（1）用 PDM 搭建标准研发部门的管控体系。

（2）用 ERP 搭建标准物流、资金流的管控体系。

（3）用 MES 搭建标准先进的 JIT 精益生产管理体系。

（4）用 HR 搭建以人为本的人事行政后勤管理体系。

4. 细节装修

（1）信息管控系统细化调整——逐步提升内部管控目标。

（2）ISO 体系——ERP 与 ISO、实际业务融合，让管理体系与国际接轨。

（3）推行 6S——对办公场所、生产现场进行有效管理，提升员工良好习惯及素养。

（4）以绩效为导向，细化业务流程和职责，编写 SOP 和岗位职责。

5. "家"文化建设

（1）各种宣传标志贴出来。

（2）人文关怀动起来。

（3）奖励、处罚公布出来。

（4）人文教导培育起来。

三、"家"文化体系建设过程中的主要矛盾

从上述"家"文化体系搭建过程来看，所要涉及的范围很广，如图 3-3 所示。有些是需要自己内部去理顺的，有些则需要借助专业管理咨询队伍来辅导协助，需要购买管理软件工具来支撑。管理咨询涉及的项目在市面上种类繁多，常见的各种宣传有营销策划、人力资源、企业文化、组织结构、发展战略、薪酬绩效、各种内训集训等。管理工具也是琳琅满目、交错复杂，让人眼花缭乱，各种品牌名词有 OA、ERP、PDM、PLM、MES、HR、CRM、APS、MIS、SAP 等。不同的管理软件之间也会有部分功能是相同的，管理软件和管理咨询用到的一些思想，有的需要整合，有的需要更新。这些问题，令企业在管理上很头疼，不知道应该从哪里先医起，正如一个人面对浑身的亚健康状态，不知道应该从哪里开始调理一样。哲学方法论告诉我们，当遇到多重矛盾的时候，首先要理清主要矛盾和次要矛盾，重点先解决主要矛盾，同时适当兼顾次要矛盾，如图 3-4 所示。

图 3-3 面对庞杂的问题点，如何执行？

第 3 章 "家"文化管控体系建设过程

图 3-4 面对复杂问题处理思路,先认清主要矛盾和次要矛盾,重心先解决主要矛盾

从建房子的主体来看,设计可以借鉴,装修是后事,打地基和搭建毛坯房才是关键。结合"家"文化体系建设的过程来看,"家"文化建设的关键就是通过 OA 来搭建公开、公正、透明的办公环境来减少员工之间相互扯皮、推卸责任的现象,提高执行力。然后借助成熟的 ERP 标准化管理平台,快速搭建各个部门的流程管控体系,固化各个岗位的工作职责,数据共享,提高工作效率。作者拟定的建设过程目的只是让大家看清各种管理工具和管理思想之间的关系,具体顺序还需依据各企业的情况再做调整。管理咨询类的知识看起来比较通俗易懂,而管理软件或许对于部分读者来说相对庞杂陌生,所以本书重点是讲解"地基和毛坯房"的搭建部分,接下来会根据 ERP 企业管理平台做简要介绍。

3.2 巧用 ERP "标准管理模块"搭建毛坯房

企业管理软件(ERP)——不仅是现代化管理工具,还提供了标准化管理方法。

ERP是一个相对空泛的概念，通俗地讲主要包括OA、ERP、PDM、MES、HR等领域。这些信息化管理系统是成千上万家企业的管理经验的总结，借助先进的现代化计算机软件管理控制技术，将管理方法和流程职责固化下来。而且，不断升级换代的计算机管理技术也在不断推进管理方法的持续变革。所以企业只要引入标准化的信息化管理系统，就既具备了先进的管理工具，也自然而然引入并且执行了先进的管理方法。

市面上的企业管理软件有很多，名字也杂乱无章，如ERP（企业资源计划系统）、OA（协同办公）、MES（生产执行管理）、APS（生产排程）、HR（人力资源管理系统）、CRM（客户关系管理系统）、PDM（产品设计数据管理）、PLM（产品生命周期管理）等。

一、OA（协同办公）

日常行政类办公系统，主要用于构建公正透明的信息平台，令办公事务职责分明，打通各部门内部协同，功能范畴如下。

（1）新闻公告类：新闻平台、公告平台、讨论平台、调查平台。

（2）工作审批流类：用电子单据取代日常纸张单据，在系统平台里通过类似邮件功能进行审批作业。

（3）文档管理类：将公司的规章制度、ISO文档、ERP操作手册等分类存放在该平台上，通过权限区分不同部门的查看权限。

（4）计划总结类：员工在此做工作日报、计划、总结。与组织架构相关联，上级领导可以查看对应下级员工的计划总结。

（5）电子邮件类：将企业对外的邮件集成在此，替代了原来的OUTLOOK、FOXMAIL等邮件工具。

（6）人力资源：人员基本档案、培训计划及记录、人事变动、考勤记录、薪资、就餐、宿舍、排班、绩效管理等相关功能。

（7）客户管理：客户资料管理、联系人管理、客户业务拜访记录管理、客户合同管理、收款管理、业务员业绩分析等。

（8）行政采购、财务报销类：行政类的采购申请及审批、财务报销类的单据及审批管理。

（9）培训管理：课程分类、课件管理、培训记录管理。

（10）其他：员工通讯录、外部联系人、日程安排等。

二、MES（生产执行管理系统）

生产执行管理系统，具有生产计划、生产排程、车间生产数据智能采集、生产数据分析报表等功能。MES 的主要特点为车间的统计数据是通过扫描枪现场扫描实现实时数据采集。现在车间数据采集技术很先进智能，除了扫描枪之外，还可以采用刷卡的形式，类似上公交车刷卡那样采集数据；也可以通过无线感应，类似高速公路上的 ETC 设备，车辆开过之后，设备自动感应到车辆经过并做采集；也可以跟数控设备自动关联，实时从设备上抓数据；不是数控设备的，也可以通过传感器，如通过电流的变化、光照的变化、压力的变化来采集生产数据。

三、APS（生产排程）

生产排程，跟 MES 功能重叠，只是因为不同厂家的叫法不同。MES 在最初是没有生产排程部分的，只用于车间数据采集。最早的 APS 主要注重完成复杂的"排程计算"工作。不同厂家也都分别在完善自己的系统功能，所以后来的 MES 也就具备了生产排程功能，只是算法上没有 APS 专业。APS 也有车间数据采集部分，只是没有

MES 那样数据采集得更加智能化。

四、HR（人力资源管理系统）

人力资源管理系统，具有人员基本档案、培训计划及记录、人事变动、考勤记录、薪资、就餐、宿舍、排班、绩效管理等相关功能。

常见的 OA 系统里一般也有 HR 部分，只是没有专业做 HR 系统的公司更加专业、全面、细化。

五、CRM（客户关系管理系统）

客户关系管理系统，包括客户资料管理、联系人管理、客户业务拜访记录管理、客户合同管理、收款管理、业务员业绩分析等。

常见的 OA 系统里一般也有 CRM 部分，只是没有专业做 CRM 系统的公司更加专业、全面、细化。

六、PDM/PLM（产品设计数据管理/产品生命周期管理）

设计研发部门使用的软件，用来解决产品数据的归档、产品数据的检索、产品数据的安全、产品结构的管理、产品配置的管理、查询式的设计、图文档的检索与发放；技术部门的过程管理；项目管理、工程信息的提取、零件的编码管理一整套解决方案。PDM 系统可以帮助企业组织产品设计，完善产品结构与数据的管理并跟踪相关信息的变化，实现资源共享；从过程来看，PDM 系统可以协调优化设计、审查、批准、制造、数据变更等工作过程，提供支持并行工作的工作环境；从组织结构来看，PDM 系统可以加速并协调企业各部门之间的信息交换，以提高企业开发效率、减少库存量、降低产品生产周期为目标，提供解决方案。

七、ERP（企业资源计划）

ERP 其实是各种企业管理软件所有功能的统称。理论上应该是把企业所有需要用到的功能都集成在一个系统里，并起名叫 ERP，但是实际上因为不同领域需要不同的专业知识及管理经验，所以很少有全能软件公司能开发出理想化的、全面的管理软件，也才有上面所罗列出的 OA、CRM、HR、PDM 等。尽管常见的 ERP 品牌很多，但是其功能也是良莠不齐。

常见的 ERP 系统功能如下。

（1）财务类：财务总账、应收应付款、出纳（现金银行）、固定资产、成本核算相关功能。

（2）销售类：报价、订单、发货、对账、发票、收款等方面的管理。

（3）采购类：请购、询价、订单、入库、对账、发票、付款等方面的管理。

（4）仓库类：出库、入库、仓库调拨、库存盘点、库存报表统计方面的管理。

（5）工程类：BOM 表、工艺路线方面的管理。

（6）生产管理类：生产计划、生产排程、用料计算、厂内车间工单下达、生产领料、入库、委外生产工单下达、发料、入库、生产材料成本的核算方面的管理。

（7）品质类：采购来料检验、委外入库检验、车间工序过程检验、车间入库检验等方面的管理。

（8）其他：大的品牌 ERP 一般也都融合了 OA、HR、CRM、HR、PDM 这样的功能。

说明

既然大的品牌 ERP 一般也都融合了 OA、HR、CRM、PDM 的功能，那么为何还要单独罗列呢？因为集成度越高的系统，价格越贵，而且有些 ERP 里的某些功能没有专业的 PDM、MES 专业，所以从经济性的角度考虑，企业普遍是选择几个领域的系统同时使用，如 OA、PDM、ERP、MES、HR 这几块单独使用，或者做适当的集成开发，如图 3-5 所示。

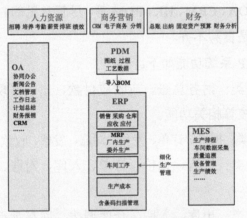

图 3-5　各个信息化模块之间的关系图

说明

人力资源、市场营销、财务属于决策层。PDM 将产品研发设计数据跟 ERP 对接，自动传输到 ERP 中相关的 BOM、工艺路线中，以及相关的品质检验控制信息。MES 从 ERP 中抓对应的订单信息、生产计划信息、工单信息等。ERP 中物流产生对应资金流，资金流最后都会传输到财务模块中。OA 和 ERP 部分相对独立，理想状态是能够将信息流对接，如 ERP 中的表单也可以在 OA 中跑审批流程。事实上，ERP 中也可以单独设定审批流程，功能强大的 ERP 已经能够做到跟手机、微信、邮箱对接了。

第4章 "家"设计

◎ 塑造企业文化核心：使命、愿景、价值观
◎ 让"核心竞争力"在竞争中脱颖而出
◎ 组建以"快速反应"为服务宗旨的业务流程体系

本章提示：

"家"文化管理体系建设的第一步——"家"设计。

这个"家"既包括文化思想层面的"家"文化设计，也包括"家"实体方面的组织构架、业务流程和岗位职责框架设计。

本章要明确我们这个"家"：

存在的价值是什么？——使命

发展的目标是什么？——愿景

经营的宗旨是什么？——价值观

核心竞争力是什么？

可持续发展的动力是什么？

以经营的宗旨为指导，设计出业务流程服务体系框架，明确岗位职责框架。

4.1 塑造企业文化核心：使命、愿景、价值观

企业文化三要素：使命、愿景、价值观。使命提供源源不断的动力，愿景指出发展方向，价值观提供判断决策的依据，防止误入歧途。但是仅有以上三个核心要素还不够，高效执行力的组织还必须有一套贯彻战略的流程，使组织的使命、愿景、价值观变成每一个人的自觉行动。

1. 崇高的使命

崇高的使命：（1）我们是谁；（2）我们是干什么的；（3）我们为什么存在，如图4-1所示。

图 4-1　崇高的使命

中国企业的平均寿命只有3年。为什么如此短？因为企业没有找到存在的理由，只为了赚钱而盯着短期利益。这些企业促进了社会的进步发展，改善了中国人生活品质。我们设想，如果没有希望集团，中国的农民还要花比今天贵五倍的钱来买饲料，中国人餐桌上的肉食品也不可能这样丰富；如果没有长虹公司，中国人家中的彩色电视机不可能以这样快的速度更新；如果没有格兰仕，微波炉在中国依然是"富贵人家"的奢侈品，中国人可能现在还要花三倍

以上的价钱买日本人、欧洲人的微波炉；如果没有联想，中国的家用电脑的普及不会这样快，中国的信息化进程不会有长足的发展；如果没有华为集团，中国电信不可能以这样的速度发展到如今的规模；如果没有中远集团，中国进出口贸易成本将比今天高两倍……这样的例子我们可以继续列举下去。正是这些中国企业，改变了中国人的生活。同样，中国人不仅记住了这些企业的产品，而且也不会忘记企业的使命感对社会的贡献。

企业使命举例如下。

（1）联想集团：联想提供信息技术、工具和服务，使人们的生活和工作更加简便、高效、丰富多彩；为员工创造发展空间，提升员工价值，提高员工的工作和生活质量；回报股东长远利益；服务社会，文明进步。

（2）海尔集团：敬业报国、追求卓越。

（3）格兰仕：我们的企业、市场和质量等一切企业实力要素以及每一个环节（部门、工序）都要精益求精，永创第一、永争第一。

（4）万通集团：以天下为己任，以企业为本位，创造财富，完善自我。创造最具价值的生活空间。万通集团为顾客创造价值、为股东创造利益、为员工创造前途、为社会创造繁荣。

（5）华为集团：华为追求的是在电子信息领域实现顾客的梦想，并依靠点点滴滴、锲而不舍的艰苦追求，使华为成为世界级领先企业。华为致力于聚焦客户关注的挑战和压力，提供有竞争力的通信解决方案和服务，持续为客户创造最大价值，通过无依赖的市场压力传递，使内部机制永远处于激活状态。

（6）蒙牛乳业：强乳兴农，愿每一个中国人身心健康。

（7）台湾宏碁：人人享用新鲜科技，用新鲜科技造福全人类，这是宏碁责无旁贷的使命，也是永无止境的追求。

2. 宏伟的愿景

宏伟的愿景包括：（1）大家愿意看到的（期望的……）；（2）大家愿意为之努力的（主动的……）；（3）通过努力可以实现的（可实现的……），如图4-2所示。

图4-2　宏伟愿景：改变中国产品在全世界眼中劣质低价的形象

愿景不是目标，它比目标更模糊，也更宏大，它是人们心中的愿望。当你看到这个愿景的时候，你看到的不是一个具象的路牌，而是一幅你愿意终身为之奋斗的美好景象，一个改变世界、改变他人生活的梦想。愿景给企业发展指明方向、凝聚人才，创造一个将个人目标与企业目标相结合的沟通平台，从而产生了将个人命运与企业命运相结合的契机。企业不再是由一群普通人组成的简单组合，而是一个有共同理想、共同使命的生命联合体。每一个人都不再是一个被动的服从者，而是为了共同目标进行创新学习的开拓者。共同的愿景从根源改变了人与人之间的关系。这样的组织就如原子弹爆发一样，激发出每一个人的巨大潜力。同样是碳元素，结构的不同可以形成两种截然不同的结果，一个是金刚石，另一个是石墨。

企业愿景举例如下。

（1）沃尔玛："天天低价"，薄利多销，给普通百姓提供机会，让他们能够买到与富人一样的东西。

(2) 微软：使每一个人的桌面上都放置一台电脑。

(3) 永和大王：进一步完善"快速服务"的中式连锁餐厅管理模式，确立永和大王中式快餐连锁企业的领导地位，秉承"学习、进取、开拓、成长"的理念，最终成为大中华圈、亚洲，乃至全球的国际化品牌。

(4) 福特汽车：使汽车大众化，不会有人因为薪水不高而无法拥有它，人们可以和家人一起在上帝赐予的广阔无限的大自然里享受快乐的时光……

(5) 华为：丰富人们的沟通和生活。

(6) 索尼：成为世界上最知名的企业，改变日本产品在世界上的劣质形象。

3. 正确的价值观

正确的价值观：正确的经营宗旨以及企业所有成员正确的共同信念、作风和行为准则，如图 4-3 所示。

我们的正确价值观

做事先做人。
有些东西生不带来，死不带走，太多也没用，健康、快乐、幸福才是永恒。
人活着要体现对社会的价值。

图 4-3　正确价值观

只有在正确的价值准则基础上才能产生企业正确的经营价值目标。有了正确的价值目标才会有奋力追求价值目标的行为，企业才会有希望。只顾企业自身经济效益的价值观，会偏离社会主义方向，不仅会损害国家和人民的利益，还会影响企业自身的形象；只顾眼前利益的价值观，会急功近利，搞短期行为，使企业失去后劲、走向灭亡。

企业价值观决定着职工行为的取向，对企业及员工行为起到导向和规范作用。该作用不是通过制度、规章等硬性管理手段实现的，而是通过群体氛围和共同意识引导来实现的，使企业员工很容易在具体问题上达成共识，从而大大节省了企业运营成本，提高了企业的经营效率。

企业价值观也体现了企业精神风貌和风气，在美国称之为"企业哲学"，在日本称之为"社风"。企业具备了精神风貌也就具有了克服各种困难的、强大的精神支柱。

企业价值观举例如下。

（1）强生公司：客户第一、员工第二、社会第三、股东第四。这四条价值观实际上是强生的"宪法"，即使是董事长也不能违背。1982年发生了泰诺中毒死亡事件，强生立马召回其产品。虽然这件事给强生造成了损失，但从长远来看，强生公司的处理方式赢得了市场的信任，也稳固了品牌。相反，日本某品牌汽车公司在产品出现质量问题的时候，却故意掩盖其问题，给消费者带来生命安全隐患，最终毁掉了自己的信用。通常是企业高层自觉不自觉地破坏其价值观，说一套做一套，在内部破坏了价值观的完整性，这些企业高层的这些行为也会影响到企业员工的行为习惯，最终破坏了企业整体的价值观。

（2）美国GE（通用）公司：以极大的热情全力以赴地推动客户成功；视"六西格玛"质量为生命，确保客户永远是其第一受益者，并用质量去推动增长；坚持完美，绝不容忍官僚作风；无边界工作方式行事，永远寻找并应用最好的想法而无需在意其来源；重视全球智力资本及其提供者，建立多元化队伍去充分利用它；视变革为可以带来增长的机会，确立一个明确、简单和以客户为核心的目标，并不断更新和完善它的实施；创建一个"挑战极限"、振奋、不拘礼节、信任的环境，嘉奖进步，颂扬成果；展示并永远保持对客户有感染力的热情。GE 公司要求公司领导具备以下四个方面的才能：具有迎接并应对变化速度的个人活力；有能力创造一个氛围以激励他人；面对困境勇于作出果断决定的锋芒；始终如一执行的能力。

（3）长虹电子：质量第一、用户至上；以市场为导向，一切服从于市场、一切服务于市场，得消费者心者得市场；以人为本，关心人、理解人、尊重人，科学与严格相统一；市场竞争最终是人才的竞争，人力资源是公司最宝贵的财富；激励自己，挑战现实，打造一流企业。

（4）同仁堂：炮制虽繁，必不能省人工；品位虽贵，必不敢省物力。同心同德，仁术仁风。

（5）太平洋保险：诚信天下，稳健一生。

（6）TCL：为顾客创造价值，为员工创造机会，为社会创造效益；诚信尽责、公平公正、变革创新、知行合一、整体至上。

（7）苏宁电器：做百年苏宁，国家、企业、员工、利益共享。树家庭氛围，沟通、指导、协助、责任共当。

（8）希尔顿酒店：微笑服务、宾至如归。

（9）统一企业："三好一公道"，就是品质好、信用好、服务好、价钱公道。

4.2 让"核心竞争力"在竞争中脱颖而出

一、我们的核心竞争力是什么？

所谓核心竞争力，就是指企业独有而竞争对手却没有的优势等。

如果企业有、竞争对手也有的就只能算是普通竞争力。大自然中的动物有很多特长，但是任何一个动物要想能够在生态食物链中存活下来，都是因为其独有的特长，如图4-4所示。

动 物	核心特长
老鹰	眼睛
豹子	速度
蛇	毒牙
刺猬	全身的刺
变色龙	伪装
乌龟	背上的硬壳
兔子	灵活奔跑
狗	嗅觉

图4-4　自然界动物的独有特长

世上所有优秀品牌企业，能够长期屹立不倒，都是因为其具备核心竞争力（见图4-5），准确地说是刚开始就有其核心定位。而国内的一些企业容易跟风，什么有利润就会涉足什么，但是什么都不精，结果每一项都比不过对手。

企业	核心竞争力
华为	研发
海尔	产品+服务
松下	超强的仿制能力
戴尔	渠道管理
思科	对网络的理解
美的	综合品牌
顺丰	有保证的快

图4-5　各大优秀企业的核心竞争力

核心竞争力来自哪里？构建一个企业的核心竞争力可以从以下几个方面考虑。

（1）企业的核心业务：核心业务是指能够为企业带来最大效益的、企业在行业内占据优势的业务。中国的许多企业都陷入了这样一个误区，就是看到什么产品获利高就从事这种产品的生产，所以今天做饮食，明天出售水泥，后天又经营房地产，结果企业没有核心业务，经不起市场风险。

（2）企业的规范化管理：规范化管理是产品质量、服务、信誉的可持续性保证。

（3）有竞争力的资源分析：分析企业有哪些有价值的资源可以用于构建核心竞争力，这些有价值的资源具体又应该如何运用。

（4）人力资源的竞争：公司优质的人才储备结构是整体实力的直接体现。道理很简单，一个团队拥有什么样的能力与这个团队能做出什么样的成绩是成正比的。

（5）准确的市场预测分析：对市场的预测分析会直接影响到企业的战略决策，如果对市场把握不准，就会给企业带来很大的危机。

（6）无差异竞争：所谓的无差异竞争是指企业对其他方面都不重视，只强调一项，那就是价格，也就是打价格战。中国有很多企业经常使用这种竞争方法，可是事实上，世界上一些有实力、有基础的大企业都不会轻易使用这一方法。

（7）差异化竞争：差异化竞争与无差异竞争相反，是指企业不依靠价格战，而是另辟蹊径，出奇招取胜。如当年的海尔，在其他企业大打价格战的时候，海尔却强调服务。海尔的电视、冰箱、空调等产品品质可能都算不上顶级，但是它的服务创新意识、差异化精神是最好的。

（8）标杆竞争：所谓标杆竞争就是找到自己有哪些地方不如竞争对手，在超越竞争对手的时候设立标杆，每次跳过一个标杆，再设新的标杆,这样督促自己不断进步。

一言以蔽之,核心竞争力是对手短期内无法模仿的、企业长久拥有的、使企业稳定发展的可持续性竞争优势。

二、我们可持续发展的动力是什么?

有的企业青春焕发,生机勃勃;有的企业成百年老店,百炼成钢;也有企业风光数年,终成泡沫。如图4-6所示企业怎么才能永葆青春地可持续发展呢?

图4-6 企业的可持续发展的动力

1. 技术创新——紧急

企业实现可持续发展,首先是在产品上的永续性和可持续性。这就需要产品研发不断创新。效益好的公司每年都会有固定的资金投入在研发上。

2. 管理变革——长远

以"家"为企业文化:明确公司使命和价值观,让员工工作得有动力、有方向,激发员工的主观能动性。

以"流程"为规范管控:保证企业稳健安全运营,保证质量控制,

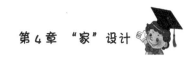

保证服务控制，降低各种成本浪费。

以"人事"为后勤：以人为本、注重福利、教育激励、以绩效为准绳、按贡献分配。

以"信息系统"为支撑：提高管理效率，提高服务效率，促进管理变革，降低管理成本。

只有管理变革，解决体制问题，才是最终解决了根本。管理的目的是为了更好地实现公司使命，即更好地服务好客户。

三、让"服务"在竞争中脱颖而出

在激烈的市场竞争中，产品和服务是两大关键因素。随着产品愈来愈同质化，只有服务才能创造差异，才能创造更多的附加值。所以，服务才是征服顾客的最有效手段。

我们的服务优势体现在哪些方面？

在这个全球化、信息化、物流发达、充满科技感、充满时尚前卫、容易受各种诱惑而激发出各种欲望潜能的时代，各企业要大胆想象，发挥爆炸性思维，突破传统狭义的"优质服务"概念，针对目标客户群，创造出未来一段时间内在某行业、某领域都具备竞争力的服务项目。

1. 案例一：淘宝网（核心竞争力：起初只是高效率、低成本购物）

据说马云以前去肯德基应聘，最后落选了。当时马云给大老板们讲电子商务的时候，老板们得出一个结论，马云是个大骗子。这个案例告诉我们要养成运用"推理性"思维的习惯。先见之明不是因为天生具备高智商，而是来自"推理性"思维的习惯。当然，见多识广是"推理性"思维的前提。

2. 案例二：携程网（核心竞争力：高效率、低成本、快捷预订服务）

下面是经典的携程网广告片段(摘自网上对广告语的遐想描述)。

片段1：浦东机场通道里，精英商务男邓超刚下飞机，带着要吃人的着急眼神，正要赶回公司参加一场重要会议。

片段2：在此时邂逅了曾经的女神，多年未见，气质依旧。驻足回望，讶异、惊喜、紧张、期待之情溢于言表。

片段3：型男搭讪第一式——明知故问。邓超："一个人？"

片段4：女神微微一笑倾国倾城，"嗯，去三亚"，泄露完重要信息扭头离去。

片段5：邓超此时看着这红色背影，是多么的熟悉，曾经也是这样看她离开，却没敢说出口。

片段6：这时邓超吃人的眼神又亮了，他好像做了一个什么重大的决定。

片段7：说时迟那时快，掏出高富帅专用手机华为MAT7，打开携程5.0，屏幕上一顿按。

片段8：短短几秒，上海到三亚的机票就已经买好了。

片段9：女神旁边的座位还空着，邓超平复下一路小跑的喘息，压抑住内心的激动，用一种帅气的方式坐下。"要不然,两个人一起"，(台词的重点是避免眼神的对视，强调一种不经意的感觉)。

片段10：看着这个为了自己抛下工作，毅然选择陪伴左右的男人，女神低下头露出了一个点赞式的微笑。

片段11：邓超以意味深长的笑容结尾。

结论：邓超对携程网的服务真是太喜欢了。

3. 案例三：顺丰物流（核心竞争力：快＋安全＋值得信赖＋满意）

快：组建自己的航空公司、自己的货机。

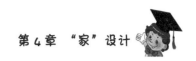

安全：进行包装标准化培训，不断提高包装标准。

值得信赖：斥巨资研发高效的信息化管理系统，不仅仅是对外方便查询快递进度，而且是提高内部调度安排效率，优化路线，用信息系统优化内部数据共享，降低手工出错概率。

顺丰的核心竞争力已经不仅仅是外在的满意服务，更是其他公司所无法比拟的内部的一套健全的、已经形成顺丰特色文化的管理体系。

4. 案例四：菜鸟（核心竞争力：电子商务＋物流）

电子商务掌握了市场用户，物流公司掌握了渠道。控制了渠道就是控制了终端。电子商务和物流的结合，就是强强联手，进一步提高效率、降低成本、提高客户满意度。

以上列举的几个案例都是与电子商务物流相关的，它们服务优势的支撑都离不开时代的主题：信息化。即使是最大的物流公司，其服务的支撑也是信息技术，甚至最后也是靠信息技术的竞争来整合物流。

传统的服务优势一般人都能想到，这里就不举例了，也不是本书专长，但是最传统的餐饮行业，大家有目共睹的就是点餐、服务呼叫、做菜、上菜、结账都信息化了。

服务的目的不仅仅是让客户满意，而应该是让客户惊喜、惊叹！信息化只是技术支撑的手段之一。

 中小加工代工企业服务目标是什么？

企业特点：多品种、小批量，产品交期急，产能有限，订单多杂。

服务目标，如图 4-7 所示：（1）能够适应客户的计划，快速灵活地交货；（2）有一套管控体系，保证产品质量。

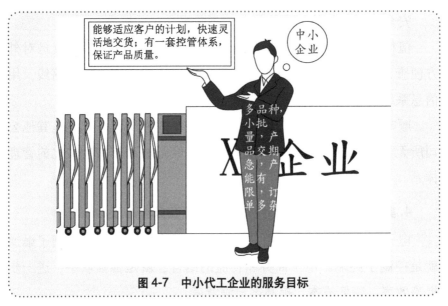

图 4-7 中小代工企业的服务目标

4.3 组建以"快速反应"为服务宗旨的业务流程体系

1. 第一步：以企业文化制定服务流程、组织结构、岗位职责

对外：以文化为宗旨，以服务好客户为目标，把"让客户满意，甚至给客户带来意外惊喜"贯彻到业务流程的每一个环节中。

业务流程设计只有围绕"怎么样服务能让客户更满意"才有竞争力！

对内：强调各部门环节内部服务，各个部门之间也是彼此服务的对象。如以常见接单生产型中小企业为例，其服务流程框架如图4-8所示。

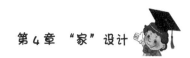

第4章 "家"设计

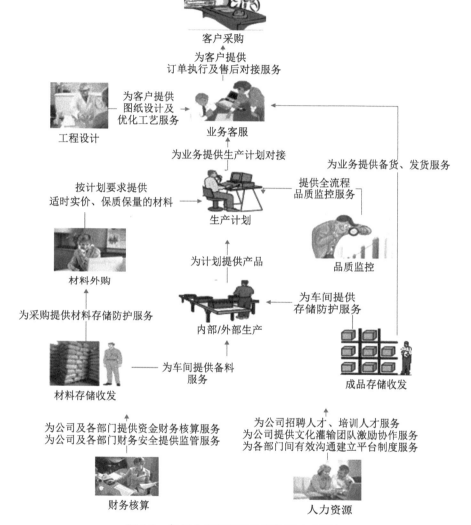

图 4-8　部门之间应把彼此当作客户去服务

业务流程定了之后，再确定好组织构架，细化岗位职责，制定岗位相应的规章制度及绩效体系，如图 4-9 所示。

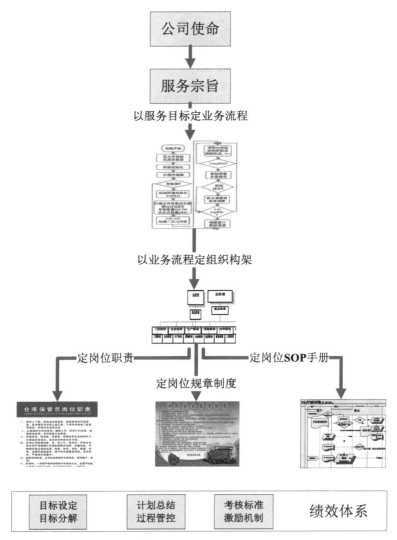

图 4-9 系统支撑平台

(1) 岗位职责

规定了各个岗位的工作职责,是评估其对应员工的工作能力及工作量的依据,也是评估其薪酬体系的依据,也是绩效考核的依据。

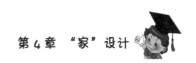

（2）岗位 SOP 作业手册

结合信息系统，写明每个工作的标准化作业流程说明文件，让工作形成标准化，有标准才可以衡量、才可以复制。有了标准，新员工才可以快速上岗，才能保证不会因为人员的流动而影响产品质量。

（3）岗位规章制度

对岗位职责提出了一些具体要求，明确岗位职责底线。

（4）绩效考核体系

设定整体目标，将目标逐级分解至各部门、各岗位；

针对目标制订计划，并引入过程管控，防止计划得不到准确执行而影响目标；

按照结果结合考核体系进行考评，激励处罚到位。

2. 第二步：用管理软件将流程、职责标准化、固化

以"服务"为导向的业务流程、组织架构、岗位职责、岗位操作手册及规章制度定好后，用信息系统将对应的业务流程固化下来，依据组织构架、岗位职责在软件中设定对应的流程操作权限，结合管控方式不同，在系统里做相应的管控参数设置。

ERP 系统也提供了各个模块的管理经验总结，编写业务流程设计、岗位职责时也可以参考 ERP 的标准设计思路。

各个岗位的信息化系统的应用参照第 5 章至第 10 章。

如图 4-10 所示，企业小的时候老板凭借双眼监控各个岗位职责，企业规模大了，靠人监督总会有疏忽的时候，而且监督管理效率也很低，尤其是品牌企业，很容易因为一个意外处理不当造成名誉扫地。所以必须要拟定标准化管理业务流程、用管理系统固化下来，

用系统来约束员工按照正确的业务流程来作业。

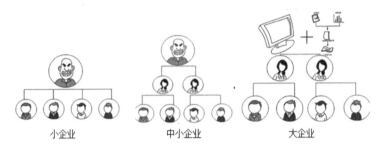

图 4-10　各种规模企业的管控模式

第 5 章　打地基——巧用 OA 构建公开、公正、透明的办公环境

◎ OA 功能模块介绍
◎ 日常事务协同管控应用
◎ 新闻公告调查讨论应用
◎ 文档管理应用
◎ 计划总结日志管控应用
◎ 日常支出管控应用
◎ 客户关系管控应用
◎ 知识培训管理应用

本章提示：

办公自动化（Office Automation，OA）是将现代化办公和计算机网络功能结合起来的一种新型的办公方式。如果把企业分为"信息流""物流""资金流"，那么 OA 主要是用来打通企业内部信息流，把公司日常事务摆到桌面上使其透明化，事事有人担当，提高团队的协同力。团队有了执行力，也就为后续陆续推行其他管理体系奠定了基础。

5.1 OA 功能模块介绍

办公自动化（OA），是将现代化办公和计算机网络功能结合起来的一种新型的办公方式。OA 常规系统功能模块如图 5-1 所示。

图 5-1　OA 常规系统功能模块

通俗地讲，OA 是处理信息流、对传递信息进行管控的系统平台。现在电脑、智能手机已经普及化了，以前的那些传统信息传递方式也需要改变。OA 也被称为"办公无纸化"，当然无纸化的意思并不是指日常办公不需要纸张表单，而是指信息的传递过程采用类似电子邮件、QQ 聊天、发布电子新闻这样的电子版形式，便于各个部门之间高效率的信息传递，最终需要存档的单据还是需要打印出来的。

现以某个通俗易懂的 OA 系统（见图 5-2）为例，介绍 OA 常用的功能模块。

1. 系统左边

系统左边是常用的功能模块，包括协同办公、公共信息、文档管理、电子邮件和工作记录。

（1）协同办公：类似邮件，比邮件多了"审批流程"功能，同

第5章 打地基——巧用OA构建公开、公正、透明的办公环境

时还可以将公司常用的"单据"设计成电子档格式,邮件内容可以调用相关电子档模板。办公无纸化主要通过该功能实现,将企业常用的表单,搬到该电子邮件平台上来传递。

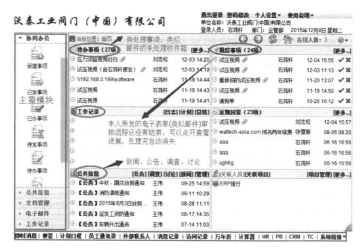

图5-2 沃泰工业阀门(中国)有限公司的OA系统

(2) 公共信息:新闻平台、公告平台、讨论平台、调查平台。

(3) 文档管理:将公司的规章制度、ISO文档等分好类存放在该平台上,通过权限区分不同部门的查看权限。

(4) 电子邮件:将企业对外的邮件集成在此,替代了原来的OUTLOOK、FOXMAIL等邮件工具。

(5) 工作记录:员工在此做工作日报、计划、总结。跟组织架构关联,上级领导可以查看对应的下级员工的计划总结。

2. 系统底部右边

还有一些功能模块登录窗口显示在系统底部右边,包括HR(人事管理)、PB(财务报销管理)、CRM(客户关系管理)、TC(培训知识库管理)。

（1）财务报销管理：日常财务报销、费用支出申请可以单独在这里操作。

（2）客户关系管理：客户资料管理、联系人管理、客户业务拜访记录管理、客户合同管理、收款管理、业务员业绩分析等。

（3）培训知识库管理：课程分类、课件管理、培训记录管理。

3. 系统底部

系统底部也是常用的功能和其他一些模块。

（1）即时消息：类似QQ，用于公司内部非单据性质文字交流，有些公司不允许员工上网，QQ也不能登录，只能用类似这样的内部通信软件来沟通。

（2）计划日程：功能跟手机上自带的计划日程一样，就是方便记事备忘用的。

（3）员工通讯录：有了它，企业每个员工办公桌边上再也不用贴纸张的通讯录了，直接进来查询即可。纸张的缺点是一旦人员变更就全部都要重新打印。

（4）外部联系人：可以用来记录送快递、送水、维修等常用相关人员的联系方式。

4. 系统中间板块

系统中间板块将常用的信息分为几个区域，包括待办事项、跟踪事项、工作记录、近期回复、公共信息、相关联项目。

（1）待办事项：每个人的待办事项都会在这里被提醒，类似邮件的"未读邮件"。（该板块对应左边的"协同办公"模块）

（2）跟踪事项：类似邮件里的"已发邮件"，只是这里可以更直观地查看已发邮件的执行结果，即收件人是否查看了、是否处理

第5章 打地基——巧用OA构建公开、公正、透明的办公环境

了。例如报销单,依次由部门经理、总经理、财务经理审批,现在已经流转到哪个人了。如果迟迟没有处理的,还可以催办。(该板块对应左边的"协同办公"模块)

(3) 近期回复:该板块体现收件人的回复结果。(该板块对应左边的"协同办公"模块)

(4) 工作记录:每个人的工作计划、工作总结以及工作日志在这个板块中体现。(该板块对应左边的"工作记录"模块)

(5) 公共信息:该板块体现公司内部的新闻、公告、内部的课题讨论以及调查。(该板块对应左边的"公共信息"模块)

(6) 关联人员、关联项目:如果和某某之间的工作往来比较密切,想快速把跟该人相关的往来邮件全部调出来,在大量的邮件当中可以通过查找快速找到。如果把该人设置为关联人员,则以后只要单击一下该关联人员,即可把往来协同内容全部调出来。关联项目也是类似,针对新建的一个项目,可以快速把和该项目相关的往来协同以及公共信息调出来。

5.2 日常事务协同管控应用

团队协作,对企业来说至关重要。企业竞争在刚开始时只着重于产品和服务,随着竞争愈加激烈,又提升到企业内部管控能力的层面上,最终上升到注重团队协作能力的竞争。围绕企业文化宗旨,时刻服务好客户意识,各个部门之间除了各司其职做好本职工作外,还应该一起协作配合共同服务好客户。然而企业间经常出现这样一个现象:业务部接到客户的某某事件投诉,需要业务、生产、品质相关部门一起配合解决,结果却变成部门间的抱怨争吵。或者直接

以"我没收到邮件,没人通知我,我不知道这个事情"为由逃避责任。即使最终事情得到了妥善处理,但是今后每个员工的工作压力都会很大,总会因为某个部门或者某个人不好沟通而左右为难。

日常行政后勤办公流程制度无具体规定,给员工最明显的感觉就是不像大公司那样正规,公司就不能给员工敬畏感!日常行政方面的事情很多,大公司都有相应的表单,以及相应的审批流程,如报销单。新员工进来后不知道如何审批,就需要问上级,但是问多了,上级难免会嫌烦,而且纸张的表单查找起来不方便,不便追责。如果把相应的表单和对应的审批流程都设定在系统平台中,新员工进来,HR就只需要针对平台做培训即可。

解决方法:清晰的岗位职责+奖励处罚制度+部门间准确的信息传递。

如图 5-3 所示,从电子单据模板中调取了请假单,同时该单据默认的审批流程也会自动显示出来(流程也可以再灵活修改),只需要把内容填写好,单击发送即可。

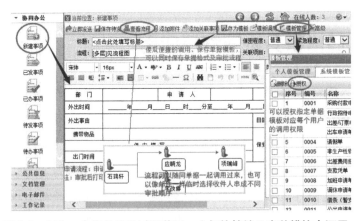

图 5-3 制作一个表单审批过程截图:方便快捷地从表单模块中调用,也方便随时保存模板并授权

第5章 打地基——巧用OA构建公开、公正、透明的办公环境

电子单据发送后,可以看到工作平台界面上有一个"跟踪事项"(见图5-4),发件人可以跟踪所发的邮件,如果对方处理完了,跟踪事项的邮件就会自动消失,同时收件人会自动有待办事项。

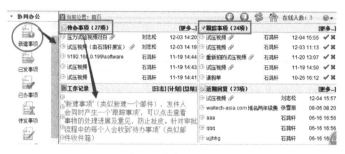

图5-4 随时跟踪电子单据处理情况

打开单据,可以清晰地看到处理进展,以及处理时间(见图5-5)。事件卡在哪个环节?是否有拖延处理?事件因为谁没有及时处理造成了损失?最后一个没有处理的人将承担70%的责任,没有跟踪的人承担30%的责任。保证事事有流程,事事有担当,将工作协同配合度纳入绩效考核体系,处罚跟薪资挂钩。大家对制度负责,对制度敬畏,为构建企业公开、公正、透明的办公协同环境打下良好的基础。

图5-5 随时了解电子单据处理进展

常用事务表单如下:工作请示单、内部联络单、固定资产请购单、办公用品采购单、公章使用申请单、接待申请单、培训申请单、礼品申请单、用人申请单、人员异动单、加班申请单、出差申请单、

请假单、入职办理单、转正申请单、离职申请单、离职交接单、员工工资调整申请单、借款申请单、费用报销单、付款申请单、差旅费用报销单。

注意

用OA走日常行政类的电子单据流程审批,并不是把所有的单据都无纸化,要根据自己的需要灵活选择。另外,OA办公无纸化更注重的是信息传递的过程无纸化,当然最后也是需要把单据打印出来存档。

5.3 新闻公告调查讨论应用

企业内部的形象文化平台——塑造企业宗旨,凝聚员工心。

企业要发展,必须要有一个明确的"企业宗旨",并且任何人都需要围绕该"宗旨"而工作。谁触犯,谁就会受到处罚。这是把企业的宗旨、文化通过该平台展示给员工,以及相关的公告传达给员工。公司办了什么事,如出去旅游、举办联欢活动,都可以通过新闻图片的形式跟员工分享。

如果没有一个明确的"企业宗旨",员工的心态就会很消极,比如"公司又不是我的,关我什么事,我就是打工的,拿工资,你老板一年赚那么多钱,开好车"。这样员工就不能明白各个岗位的职责和作用,以及要承担相应的责任。再如开会,某员工不在,他最后就会以"我当天不在"为由逃避责任。

解决方法:充分利用"公共信息"模块(见图5-6),可以发布公告、发布新闻、发布调查、发布讨论。

第5章 打地基——巧用OA构建公开、公正、透明的办公环境

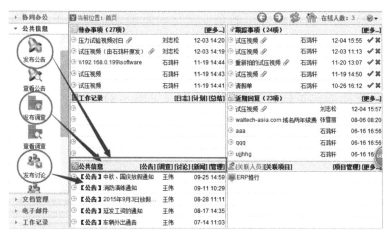

图5-6 "公共信息"首页

(1) 发布公告：公司各种相关的公告申明都要以"公告"形式发布。因为是公文形式，一言九鼎，让管理者不能再随意口头承诺；让员工不能再抱怨老板的思想总在变化，不用遇到任何事情都要以老板亲口答应为准；让奖励惩罚公开。员工也可以依据各自的权限查看以往的历史公告（见图5-7）。

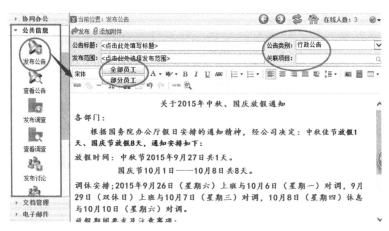

图5-7 "发布公告"界面

(2) 发布新闻：公司的企业文化、发展动态、员工关怀等内容通过新闻形式发布。传播企业宗旨、企业文化、企业精神；给全体员工打气，注入精神正能量。新员工也可以依据各自的权限查看以往的历史新闻，了解公司的发展动态（见图 5-8）。

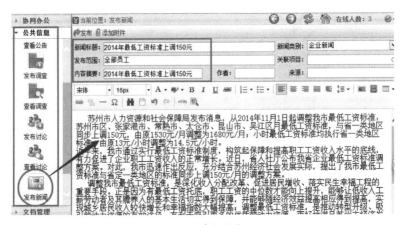

图 5-8 "发布新闻"界面

(3) 发布调查：通过各种调查来发现企业发展中存在的不足，无纸化调查提高调查效率，匿名调查更提高调查准确性。让各职能岗位服务更周到、让监督更到位、让管理更公正。

企业可以成立"监督小组"，定期对各个职能岗位做调查（见图 5-9）。对上管理、对下服务。改变以往只有管理者考核下属的现状，让管理者对下属提供关怀服务，让下属对上级进行管理并提出更合理的要求来完善自己的工作（见图 5-10）。

(4) 发布讨论：不管是领导还是下属，在讨论问题面前一律平等，没有等级之分，甚至可以以匿名的形式直言不讳。调动大家的智慧，发挥团队的力量，让员工看到自己的价值体现，为自己的建议被采纳而感到荣耀，让员工认识到广大员工的智慧才是团队的主

第5章 打地基——巧用OA构建公开、公正、透明的办公环境

体力量,让公司议会更民主。通过查看历史留言,谁是英雄、谁功劳大,将一清二楚、公开、公正、透明(见图5-11)。

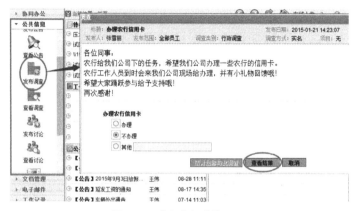

图5-9 "发布调查"界面

图5-10 调查参与和调查结果

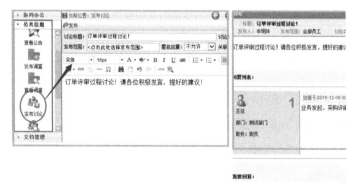

图5-11 "发布讨论"界面

5.4 文档管理应用

以往公司各种规章制度都锁在文件柜里,不能直观体现在员工面前。

企业有很多规章制度、行文公告之类的文件,可以将这些文件分类建立对应的文件夹,将文档上传到对应的文件夹中。每个文件夹可以单独授权,哪些人有权限查看,哪些人有权限写入修改。

解决方案如图 5-12 所示。

图 5-12 不同权限的文档管理方案

"我的文档"是指每个员工自己的文件夹,可以当作自己的网盘使用。

"他人文档"是指他人分享过来的文档。

"借阅文档"是指跟别人借阅的文档。

"单位文档"是指公司的文档。可以存放公司的规章制度,以及行文公告等。

第 5 章　打地基——巧用 OA 构建公开、公正、透明的办公环境

> **说明**
> 一些学习培训的文档也可以放在这里，但是 OA 系统还有一个专门的培训模块，一般在这个模块里存放各种培训资料。

5.5　计划总结日志管控应用

现象：员工工作无计划性，每天感觉很忙碌，但是事情又做不到位。主管不知道下属每天的工作内容及工作量。

任何成功人士都有清晰的目标，并且把目标分解成详细计划，过程中及时通过总结来约束保证目标的实现。然而大多数员工因为缺乏目标、计划、总结，每天要么无事可做、要么经常很忙碌的样子，总是抱怨自己的工作太多，需要增加人手、增加工资。作为上层，如果需要增加人手，那么到底给员工安排每天多少工作量比较合适？又需要增加多少比较合适？没有一个信息反馈。高层抱怨员工做事少，员工抱怨高层让自己忙得要死。新的任务过来了，也不知道给谁去做。

解决方法如图 5-13 所示。

图 5-13　"工作记录"模块和中间的板块

通过规章制度，让员工养成工作计划总结的习惯。工作日志是用于员工汇报当天做了哪些工作。计划可以细分为年计划、季度计划、月计划、周计划、日计划。工作总结和计划对应，总结计划的执行进度。让管理尽量数字化，方便管理层了解及分析。

企业要设定合理的目标，企业目标的实现离不开各个部门岗位的配合，所以要将企业目标分解到各个职能部门中；年度目标又要分解到每个季度、月、周、日；在计划的执行过程中，需要定期地总结，防止计划执行时发生偏离，一旦发生偏离就要及时调整计划。

系统中的"他人计划""他人总结""他人日志"，是指别人的计划、总结、日志。如果主管要查看组员的计划总结，就可以在这里查看。查看权限是跟组织构架一致的，上级可以看到对应的下级，下级也可以查看对应的上级有哪些。如图5-14所示是某个员工的"我的计划"页面，单击"我的上级"按钮，页面就会将其上级领导依组织架构罗列。

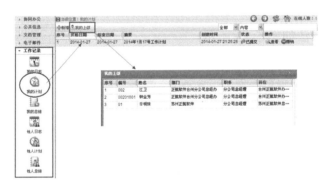

图5-14　查看我的上级

计划总结日志的应用其实就是著名的PDCA管理理论（见图5-15），也是后面所讲到的绩效管理中的一个环节。

第5章 打地基——巧用OA构建公开、公正、透明的办公环境

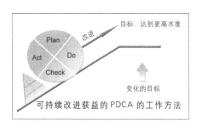

图 5-15 著名的 PDCA 循环理论

> PDCA 循环（由美国质量管理专家休哈特博士首先提出）是能使任何一项活动有效进行的一种合乎逻辑的工作程序：
>
> P（Plan）——计划。包括方针和目标的确定以及活动计划的制订。
>
> D（Design）——设计和执行。设计方案，然后具体运作和执行，实现计划中的内容。
>
> C（Check）——检查。就是要总结执行计划的结果，分清哪些对了、哪些错了，明确效果，找出问题。
>
> A（Act）——处理。对检查的结果进行处理，认可或否定。成功的经验要加以肯定，或者模式化，或者标准化，从而适当推广；失败的教训要加以总结，以免重现；这一轮未解决的问题放到下一个 PDCA 循环。

案例

> 海尔集团纯熟地采用 PDCA 管理法来实施销售任务的计划、组织和控制。每年年终，集团商流、各产品本部根据本年度的销售额完成情况，结合各产品的发展趋势及竞争对手分析等信息，制订下一年度的销售计划，然后将这一计划分解至全国的销售事业部。销售事业部部长根据各工贸公司（工业与贸易公司）上年度的完成情况、市场状况分析等信息再将销售额计划分解至其下

属各工贸公司。工贸公司总经理将任务分解至各区域经理,由他们将任务下达至区域代表,区域代表将自己的销售额任务分解至其所管辖的营销网络。同时,海尔还从时间维度上进行分解:年度计划分解至月度,月度计划分解至每日。这样,处于管理层的每位管理者都可以对下属每日的工作状况进行监督,并及时实施纠偏,最终控制每一个具体网点。海尔集团在新产品开发、新产品上市等所有方面都遵循 PDCA 的管理方法,这种做法可以保证"人人都管事,事事有人管",避免出现管理的真空。

PDCA 管理法运用于每日的事务管理,就形成了独具海尔特色的 OEC 日清体系。每人均处于相应的岗位上,每一岗位均有不同的职责并分配相应的指标,员工的激励直接与指标挂钩。指标又可分为主项指标与辅项指标以及临时任务指标等。每人在当日晚上分析一天的各项任务完成情况,并找出差距原因及纠偏办法,以使今后的工作质量得到提高,由此构成了持续不断的改进过程。员工在做完当日总结后,还需要对明日工作做出计划,然后将 OEC 日清表交至主管领导处,由主管领导进行审核控制并对下属的当日工作进行评价和激励。

OEC 管理法的主要理念,海尔认为是"坚持两个原则,最大限度地对待两种人",即坚持闭环原则、坚持优化原则,最大限度地关心员工的生活,最大限度地满足用户的需求。所谓闭环原则,指凡事要善始善终,都必须遵循 PDCA 循环,而且是螺旋上升。所谓优化原则,指根据木桶理论,找出薄弱项,及时整改,提高全系统的水平。在一个企业的运营过程中,必然存在着许多环节,只要找出制约企业经济效益提高的某一关键环节,把首要矛盾解决了,其他矛盾就可以迎刃而解。

第5章 打地基——巧用OA构建公开、公正、透明的办公环境

> OEC管理法将质量互变规律作为基本思想，坚持日事日清、积沙成塔，使员工素养、企业素质与管理水平的提高寓于每日工作之中，通过日积月累的管理进步，使生产力诸要素的组合与运行达到合理优化的状态，不增加投入就可使现实生产力获得尽可能大的提高，从而令管理收到事半功倍的效果。

5.6 日常支出管控应用

常见的 ERP 系统中也有跟管钱相关的模块，如"应收应付"模块主要是对客户的应收款和供应商的应付款进行管理；"出纳"模块一般是对现金、银行存款的进出明细流水账做记录；"财务总账"模块主要是针对税务局、股东、债权人。虽然总账中也可以通过把"费用"类的科目按照部门、个人核算，也能统计出公司一些日常费用的支出情况，但这只是结果的反映，缺乏费用支出过程的管控。企业最大的费用中有一项是"浪费"，管控好了，浪费将直接转换为利润效益。OA 中的"日常费用支出管理"主要是针对费用支出过程的管控。

解决方案如图 5-16 所示。

企业杂项费用支出主要分为 3 类：杂项合同采购支出、直接支出、借出。

（1）合同采购支出：例如企业买一套 ERP 系统，合同谈好分为几期付款，以及以后每年的维护费用。因为 ERP 项目周期偏长，付尾款或者以后每年支付服务费的时候，项目负责人往往一时找不到合同了，记不清当时怎么谈的了。如果把一些杂项项目型的采购合

同（长期执行的合同）单独建在 OA 里，走相应的审批流程，以后每期的付款就按照系统中的付款条款支付即可。如图 5-17 所示，新建一个采购合同，并且设定了该合同的审批流程，合同审批完后生效。如果没有对应的采购合同，系统中的"合同支出"是无法作业的。

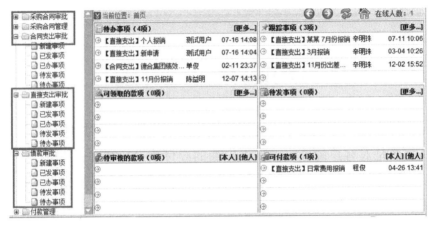

图 5-16 日常费用支出管理模块

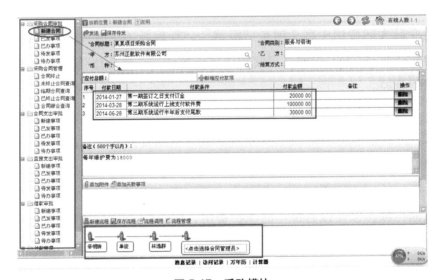

图 5-17 采购模块

第5章 打地基——巧用OA构建公开、公正、透明的办公环境

> **说明**
> ERP中的采购模块主要管控日常往来类的采购（即需要按照采购合同入库管理的采购在ERP采购模块中作业）。其采购合同直接在ERP中走审批，其他房屋租赁、设备、各种服务、软件类的采购合同在OA中作业。OA偏向于合同的审批以及合同的管理。

（2）直接支出：如财务费用报销，如图5-18和图5-19所示的"报销单"，单击"查看用途"按钮就会弹出用途明细。即员工在填写报销单的时候必须如实详细填写费用发生的依据，否则不给予报销，而且报销单要走严格的审批管控流程。因为每一笔报销单据都是以电子档形式存于数据库中，方便以后历史核实，以及对费用支出总额系统也可以做自动快速统计，分析费用支出是否合理。一方面抑制了员工企图报销造假的心理，另一方面向员工强调费用控制节约的意识。用系统结合"费用报销制度"灵活管控，也可以用系统设定各个部门费用预算，如业务人员费用报销金额范围跟业绩挂钩，让系统从过程的源头管控。

图5-18　费用报销单

图 5-19　费用报销明细

(3) 借款支出：员工借款的作业可以在此单独记录。

5.7　客户关系管控应用

客户关系管理针对的是公司的业务团队，业务拓展是公司宗旨、价值的体现，业务收入也是公司全体同仁基本生活的保障。

目前业务团队管理上遇到的问题如下。

(1) 业务员每天工作无计划，不知道做什么，浪费大量时间，错过很多宝贵时机，工作效率极度低下。

(2) 每个业务员的机会客户、线索客户数量情况不能准确了解，重点客户的跟进情况也不能一目了然，过程中导致对业绩计划的完成情况无法准确监督和纠正。

(3) 业务员经常做假记录，工资照拿，却始终不出业绩，最后突然不辞而别奔向新工作。

(4) 员工认识不到工作的意义，没有美好憧憬，工作没有激情，缺乏动力。

第 5 章 打地基——巧用OA构建公开、公正、透明的办公环境

管理方案如下。

1. 员工培训

（1）公司产品介绍、发展历史介绍、组织架构介绍。

（2）公司文化、宗旨灌输；公司未来 5 年的发展目标。

（3）业务工作职责、工作方法、工作制度。

（4）奖金制度、绩效考核制度。

> **说明**
>
> 员工培训部分的内容放在"OA 知识管理培训应用"模块中，在下一节介绍。

2. 目标、计划、总结

将公司的年度业绩目标分解为季度目标，季度目标分解为月目标，月目标分解为周目标，周目标分解为日目标，如图 5-20 所示。计划可以让员工每天、每周、每月的工作有方向，否则一天一天过得很快，一晃一个月过去了，却什么进展都没有。每天下班前把第二天的工作计划做好，把当天的工作参照当天计划做出总结，每周末把下周的工作计划做好，同时做好本周的总结。

目标、计划、总结

5天一过就是1周；4周一过就是1月
3月一过就是1季；4季一过就是1年

日复一日--结果--> 年复一年

原本在同一起跑线的人们
终因目标、计划、总结而分为三六九等！

图 5-20 计划的重要性

> **说明**
>
> 计划总结部分的具体管理应用见本章 5.5 节。

3. 客户信息管理

"客户管理"界面中显示出了每个业务人员目前所有客户的信息,如图 5-21 所示,在右上角还可以依据"客户类别""客户级别""客户阶段"等不同属性来过滤筛选、快速查找。

图 5-21 所有客户信息

客户资料信息无法被删除,只能被停用,所以不会因为业务人员的离职造成客户信息的流失。

"客户管理"界面中双击某一个客户,就会弹出详细的客户信息界面,如图 5-22 所示。重要信息在图上已用圆圈标出,如附件信息,可以挂方案、调研总结等各种附件。

图 5-22 客户详细信息

第5章 打地基——巧用OA构建公开、公正、透明的办公环境

选择客户信息中的"联系人"标签可以查看所有与该客户相关的联系人信息，如图5-23所示。在某个联系人上双击，就会弹出该联系人的详细信息界面。（具体见本节联系人信息管理介绍）

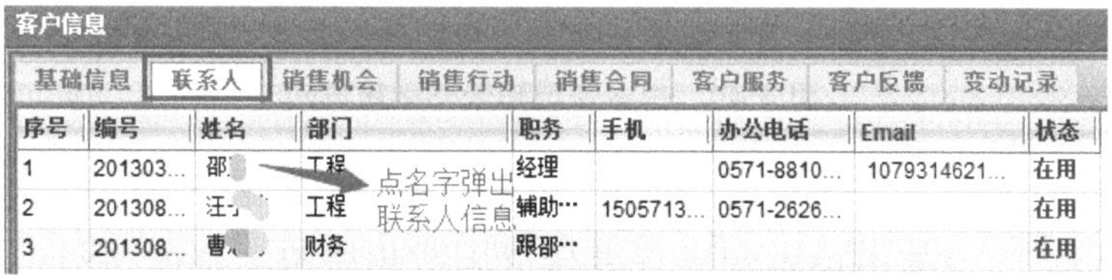

图5-23 与该客户相关的联系人信息

"销售机会"标签可以查看与该客户相关的销售商机，如图5-24所示。所谓商机即该客户有明确的购买意向、产品、价位、预期等可以判定的信息，可以查看该客户的这个商机已经进展到哪个业务阶段了。（具体见本节销售行动管理介绍）

图5-24 与该客户相关的销售商机

"销售行动"标签可以查看与该客户相关的销售行动记录（见图5-25），方便历史查阅。（具体见本节销售行动管理介绍）

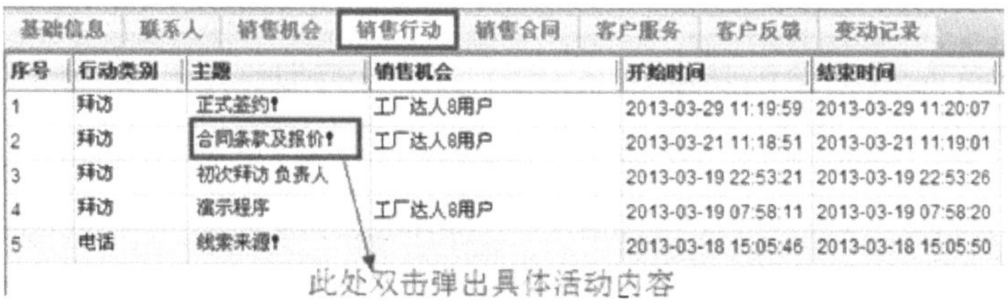

图5-25 与该客户相关的销售行动记录

"销售合同"标签可以查看与该客户相关的销售合同（见

图 5-26），方便历史查阅。（具体见本节销售行动管理介绍）

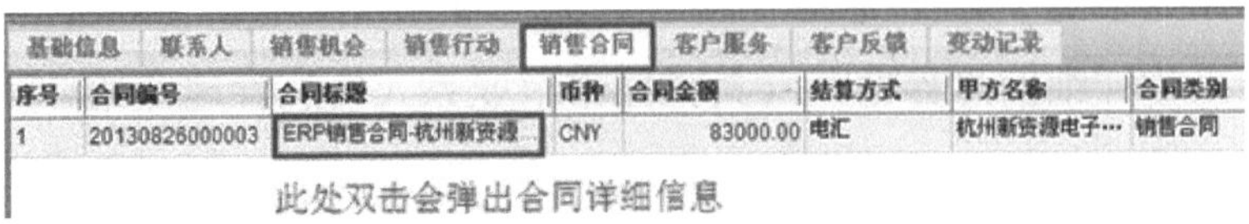

图 5-26　与该客户相关的销售合同

"客户服务"标签可以查看与该客户相关的售后服务记录（见图 5-27），方便历史查阅。（具体见本节售后服务管理介绍）

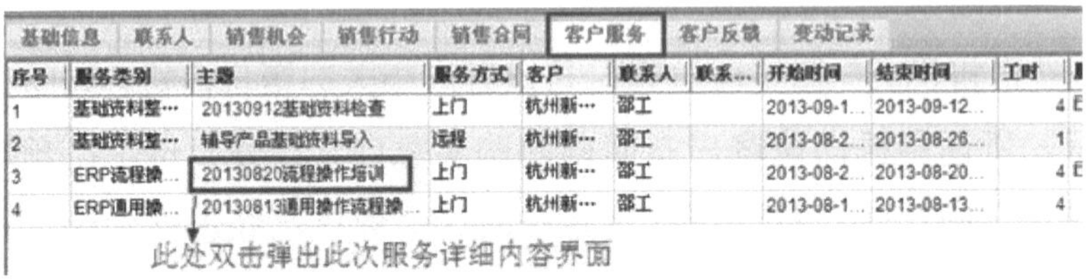

图 5-27　与该客户相关的售后服务记录

"客户反馈"标签可以查看与该客户相关的反馈意见和建议记录，方便历史查阅。

"变动记录"标签可以查看与该客户相关的修改变动记录，也可以防止业务人员离职前恶意修改信息。最常用的是查看该客户先后是由哪个人接手的。

4. 联系人信息管理

联系人信息管理功能和客户信息管理类似，不仅公司是我们的客户来源信息，个人也是业务信息来源，个人也会在不同公司之间跳槽，所以应该把个人当作客户一样单独管理，只是个人和客户之间应该有对应关联，如图 5-28 所示。

第5章 打地基——巧用OA构建公开、公正、透明的办公环境

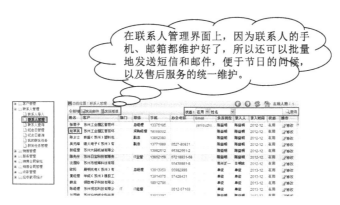

图 5-28 联系人管理模块

双击某个联系人的名字，就会弹出详细联系人信息界面，如图5-29所示。该具体个人详细信息界面上，也可以像"客户信息界面"那样单独选择"销售机会""销售行动""纪念日""变动记录"标签，查看对应的信息。

图 5-29 详细的联系人信息

5. 销售行动管理

销售行动管理主要是针对日常销售活动记录做管理，如日常的电话寻找客户、上门拜访等，而这些活动的目的都是为了寻找商机。

寻找到商机后,再对进一步拜访、产品方案演示、方案报价、商务谈判、签订合同等活动分阶段地做记录管理。所以销售行动管理部分主要分为两大块:销售机会管理、销售活动管理。

(1) 销售机会管理

一切销售活动都是为了寻找商机,并且以把握住商机、最终赢单作为目标。不以商机为目的的所有一切销售活动都是徒劳的,都是浪费时间,浪费成本,浪费个人的青春,影响公司的整体目标,影响公司效率氛围。

新发现一个销售机会后,要在系统里新建机会,主要包括几个重要信息:针对哪个客户、发现什么样的机会(通过主题或备注来描述)、该机会目前进展到哪个销售阶段、对应的成功可能性是多大、机会金额是多少、预计什么时候能完成赢单、该机会是哪个业务人员负责的、目前有什么竞争对手等。新建销售机会界面如图5-30所示。

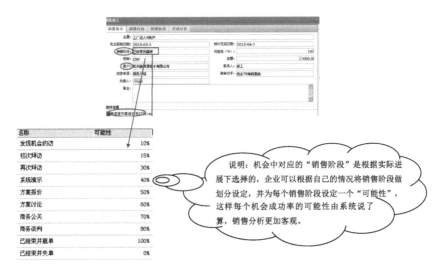

图5-30 新建销售机会界面

第5章 打地基——巧用OA构建公开、公正、透明的办公环境

"销售机会管理"界面(见图5-31)右上角可以按照各种过滤条件(如预计完成日期范围)过滤出所有的机会,依此做销售机会分析,让销售分析有理有据,避免"画大饼"。

图 5-31 "销售机会管理"界面

(2)销售活动管理

销售活动管理主要是要求业务人员将每一次跟客户的业务活动记录写进系统,方便历史查阅和主管批示。新建一个销售活动记录界面如图5-32所示。

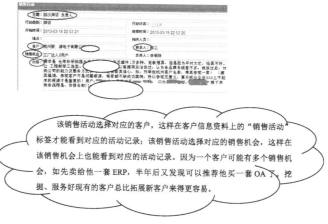

该销售活动选择对应的客户,这样在客户信息资料上的"销售活动"标签才能看到对应的活动记录;该销售活动选择对应的销售机会,这样在该销售机会上也能看到对应的活动记录。因为一个客户可能有多个销售机会,如先卖给他一套ERP,半年后又发现可以推荐他买一套OA了,挖掘、服务好现有的客户总比拓展新客户来得更容易。

图 5-32 销售活动管理界面

(3) 销售机会漏斗分析

销售机会分析如图 5-33 所示。

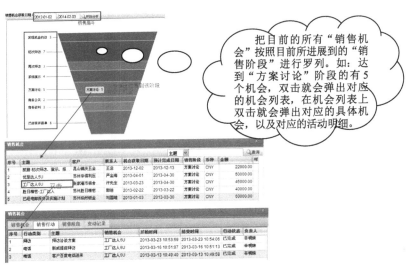

图 5-33　销售机会分析

6. 售后服务管理

针对项目服务型企业，售后服务的记录管理可以用该功能。也可以把标准的服务过程划分为几个阶段，要求服务人员按阶段填写服务记录，以便直观地查看每个客户的服务进度。客户服务管理界面如图 5-34 所示。

应用

售后服务成本主要靠人，要控制服务成本，对服务人员制定合理的绩效考核措施，必须要把服务流程标准化，用标准化的服务流程及管控工具指导员工应该如何高效工作。如做管理软件的行业，一个企业的管理软件推行周期偏长，其项目的推行主要靠人去执行，项目推行的效果完全取决于人的能力及责任心。而且

第5章 打地基——巧用OA构建公开、公正、透明的办公环境

大多数顾问都是书生型的，只熟悉系统功能操作，项目管控能力和沟通能力比较差。大多数的小公司也不可能全部招聘高级顾问，而且就算聘用高级顾问，也会出现顾问中途离职、导致项目存在交接问题。

图 5-34　客户服务管理界面

7. 合同、收款管理

针对项目服务型的企业，可以将客户的合同用该模块管理，如图 5-35 所示。每个客户的合同在系统中建好，主要是付款条款中的付款时间和合同金额。系统依据合同中的付款条款统计出每个客户的应收款，收款的时候，在系统中做收款单。同时将合同的电子档挂上附件，便于日后的合同管理与查找。

在收款管理模块中，系统会自动按照合同中的付款条款把未收款的款项列出来。在收款的时候，只要单击右边的"收款"按钮即可弹出收款单，核对好收款金额，填写上收款日期，标注好发票状态，然后提交即可，如图 5-36 所示。

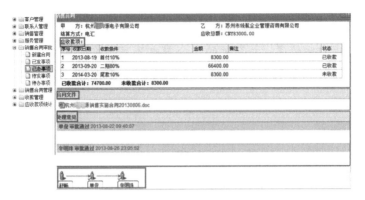

图 5-35 合同的收款管理界面

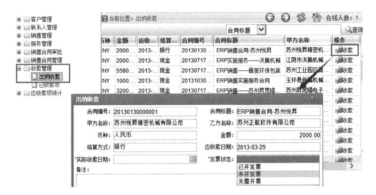

图 5-36 收款情况截图

5.8 知识培训管理应用

该模块可以对企业的培训资料分权限管理。

（1）培训资料：把各个岗位对应的岗前培训资料上传到培训系统中，如岗位职责、岗位技能、岗位制度相关文件。这些文件可以是文档，也可以是视频资料，然后通过各个岗位授权，各岗位只能

第5章 打地基——巧用OA构建公开、公正、透明的办公环境

看到自己的培训资料。这样新员工入职后可以有条理地对其进行培训考核，如图5-37所示。

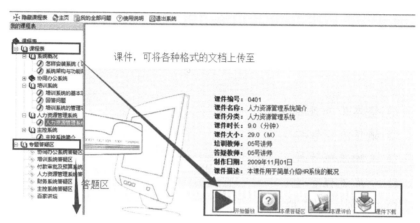

图5-37 企业内部各岗位培训资料信息

（2）答疑交流区及知识库：可以分岗位建立不同的答疑区并分别授权，便于员工提问和相关人员解答，并作为知识积累，方便别人查询，如图5-38所示。

图5-38 培训知识库管理截图

第 6 章　巧用 ERP 构建物流、资金流管控平台

- ◎ 整体业务流程描述
- ◎ 销售流程管控
- ◎ 采购流程管控
- ◎ 仓库流程管控
- ◎ BOM 工艺管控
- ◎ 生产计划管控
- ◎ 生产流程管控
- ◎ 委外生产管控
- ◎ 财务管控

本章提示：

　　如果把企业分为"信息流""物流""资金流"，那么 ERP 主要侧重的是企业内部物流和资金流的管控。本章主要讲解 ERP 中的各个功能模块是如何管控销售、采购、仓库、生产、财务流程的。因为 ERP 对于数据的准确性以及各个部门之间的配合度要求很高，所以这个环节是"家"文化建设中最关键也是最艰难的部分。

　　本书的目的是通过框架讲解引领读者入门，教会读者养成运用管理软件工具来构建管理体系的思维习惯，读者可以在本书的基础上结合自己公司的特点，或者融入自己的心得从而衍生出自己的体系。具体关于 ERP 的基本原理以及 ERP 的详细应用讲解不是本书的重点，可参见《图解 ERP——轻松跟我学企业管控》一书。

第 6 章 巧用 ERP 构建物流、资金流管控平台

6.1 整体业务流程描述

企业 ERP 整体业务流程框架如图 6-1 所示。

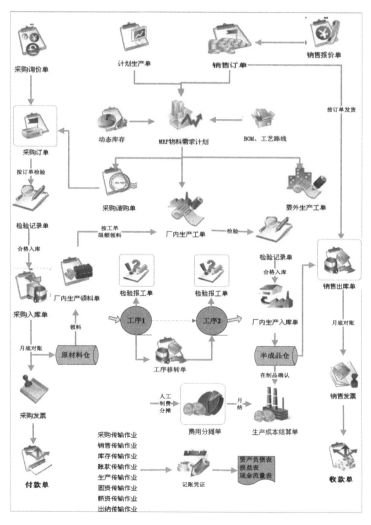

图 6-1 企业 ERP 整体业务流程框架图

1. 物流流程

从销售报价开始，到接客户订单，然后转给生产管理人员安排生产计划，生产管理人员依据工程部设定好的 BOM 和工艺做 MRP 物料分解计算。MRP 计算时需考虑动态库存，计算出还缺多少材料，需要采购多少材料，缺多少半成品、成品，还要生产多少半成品、成品，有哪些半成品是需要外发加工的，然后以"请购单"、"生产工单"和"委外工单"的形式下达相关部门。采购依据"请购单"采购物资，采购前可以询价，将询价记录保存在"询价单"里，方便以后查询价格。采购录入"采购订单"，以采购合同的字样打印盖章并下达给供应商，供应商送货，采购或者仓库依据订单做暂收，通知品质检验，品质部门出具"检验记录单"，合格后仓库依据检验单办理入库手续。车间依据工单去仓库领料，仓库依据工单上的用料计划发料，超发的走超发流程。车间内部工序管理依据"工序检验报工单"或者"工序移转单"来统计产量及生产进度。车间过程检验记录可以由品质部门或者文员输入"检验报工单"，"工序移转单"一般由班组长录入。产品生产好后需要检验，由品质部门依据对应的工单做"检验记录单"，最后仓库依据品质部门的检验单做"生产入库单"。发货的时候，仓库依据业务文员的"发货通知"发货，仓库或者业务文员做"销售发货单"，这样物流的整体过程就结束了。

2. 往来对账流程

采购用"采购发票"跟供应商对账，系统里的采购发票其实只是一个形式发票，用来记录是否已经开票，可以把其当作对账单来用。供应商将对账单传过来后，采购只要把所有未开过票（即未对

第6章 巧用ERP构建物流、资金流管控平台

过账）的采购入库单全部转进来，依据供应商的对账单逐个比对勾选即可。采购发票也是形成应付款的依据，对完账，待供应商发票送过来后，由财务审核形成应付款。付款的时候依据采购发票在系统里做"付款单"冲账。

业务文员跟客户对账过程跟采购类似，唯一不同的是业务文员要先把对账单在系统里拉出来发给客户，而不是像采购那样坐等供应商。将跟客户确认过的对账明细转入"销售发票"中，财务审核后形成应收款，收款的时候录入"收款单"，冲抵应收款。

3. 成本核算流程

材料库存成本依据采购流程自动会用月加权或者移动加权等方法计算出来，成品、半成品的成本依据生产工单领料入库的流程自动卷叠计算其材料成本，人工和制费通过"费用分摊单"依数量、工时、成本等方法分摊，最后通过系统自带的"月结"功能，自动计算出每个成品、半成品的成本。

4. 财务总账流程

系统各个模块跟财务相关的作业单据都是跟财务总账关联的，通过传输功能都可以自动生成会计凭证，当然凭证也可以手工直接录入，凭证经过审核（过账）生效后，财务报表就自动生成了。

注意

企业依据自己的岗位人员配置情况以及管控需求灵活应用调整。管控流程太细，效率就低了；管得太粗，就达不到监管了，应在效率和监管之间掌握好尺度。

6.2 销售流程管控

整个销售流程如图 6-2 所示。

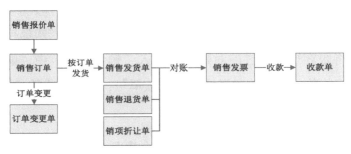

图 6-2 企业销售流程

（1）报价管控：报价单录入系统，走适当的审批流程，通过系统的打印机装置打印出来，或者以电子文档形式报给客户，这样可以在系统里查到历史报价记录。

（2）订单管控：客户订单来了，由业务助理将订单录入系统，如图 6-3 所示。未下达给生产管理人员排程或者未发货的订单只要取消审核就可以自由修改，发货的订单也可以通过权限设置给某人（一般是主管）直接修改；管控严的企业，也可以启用"订单变更单"，即订单修改必须通过"订单变更单"来变更。

（3）单价保密控制：订单上虽然录入了单价信息，但是只有获得了系统授权才可以看到售价，没有权限的人看到的都是"*"。业务文员只有在录入订单的时候把单价录入进去，发货单才会自动带到对应订单的单价，月底业务文员对账的时候，方便的还是自己。发货单上虽然也有单价信息，但没有权限的人是看不到系统模块单据上相关的售价信息的。

第6章 巧用ERP构建物流、资金流管控平台

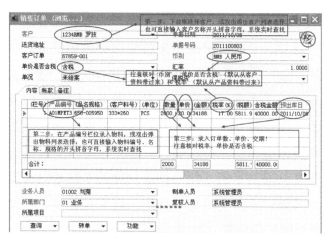

图6-3 订单录入过程界面

(4) 快速查看历史价格：订单上单价默认是附带上一次的历史价格的，这样可以核对客户订单单价是否下错了。在"单价"栏位双击即可弹出历史价格明细。当然也可以设置权限控制，订单自动带报价单上的价格，业务文员只能看，不能修改。报价单设置经过财务审核生效，如图6-4所示。

图6-4 快速查看历史价格界面

> 巧用系统规则约束客户，有些客户不下订单直接给计划，而且计划很不准，或者订单价格后补，也可以公司导入ERP了，较难执行操作为理由跟客户增加谈判筹码。

（5）发货管控：严格按照订单发货，一般是业务文员按照客户要求做发货通知，仓库按照业务文员的发货通知发货，该通知过程可以用纸张，也可以走 OA 电子单据。销售发货单一般由仓库制单，并打印出来，一式多联（客户、仓库、业务、财务、门卫），业务文员审核销售发货单，发货单一旦生效，仓库库存就扣减了。业务文员一旦审核，仓库就无法修改发货单。仓库想要修改的话，必须先通知业务文员取消审核。如果企业发货基本都是白天发的话，也可以反过来实施：业务文员制单打印，仓库发货审核，这样的审核机制可以做到跨部门监管，如图 6-5 所示。

图 6-5　销售发货单操作过程界面

（6）回单签回管控：送货单表头上有个"签回"选项，回单回来就打钩，这样系统可以自动提醒哪些发货单客户还没有签字返回。客户签字的回单可作为收款的原始凭证，如图 6-6 所示。

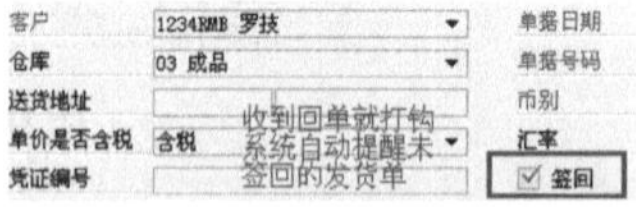

图 6-6　回单签回操作过程界面

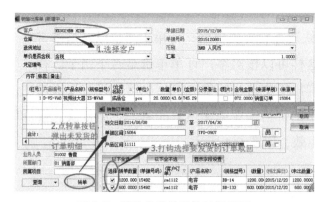

（7）发货数量管控：系统可以控制发货数量是否能超过订单数，甚至可以设置一个超发比率，超过的部分将无法保存。

第6章 巧用ERP构建物流、资金流管控平台

（8）扫码出库管控：针对一些规模偏大的企业，因为发货量偏大，仓库区域也大，发货的时候找货效率低，且容易出错，可以使用扫码出货管理。首先通过系统查到要发的货物在库存存放的储位，通过手持终端直接扫描仓库货物包装箱上的标签，该标签上有条码，包含了相关的料号、品名、订单号、数量等信息，通过扫码系统自动生成"出库单"。这样可提高出货的效率和准确性。

（9）对账管控：对账有两种方式，一种是将销售发退货明细表拉出来，经客户核对后，按该对账明细表，将销售出库单转入"销售发票"中。另外一种就是直接把本次要对账的销售发货单先转入"销售发票"中，将销售发票打印出来给客户核对。销售发票由财务审核，同时将发票号码填写在发票上。发票一旦审核生效，系统立即产生应收款。

因为发票都是从销售发货单转单过来的，每次都是把还没有对完的发货明细载入进来供勾选，所以不会遗漏未对账的销售发货单。发票明细上的单价是自动从发货单上带过来的，源头是来自对应的订单上单价，极大提高了对账准确性，如图6-7所示。

（10）销售未清事项提醒：系统可以对业务流程未做完的事做提醒，如未发完货的订单明细、未开完票的发货明细等。提醒是可以按照企业要求随意自由增加的，如图6-8所示。

> **说明**
>
> ERP系统讲究的是流程，单据与单据之间是一环套一环，单据在操作上都是类似销售流程这样的转单过程，所以在下面的模块中不再配合截图，一提而过。

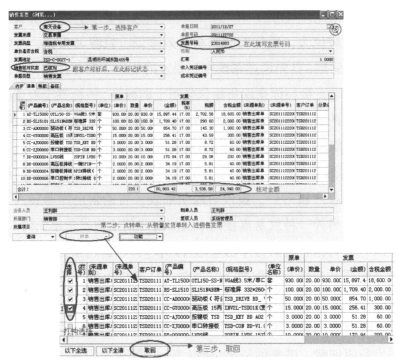

图 6-7 销售发票操作过程界面

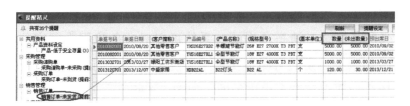

图 6-8 未完成事项提醒界面

6.3 采购流程管控

整个采购流程如图 6-9 所示。

第6章 巧用ERP构建物流、资金流管控平台

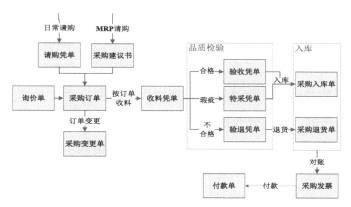

图6-9 日常采购流程

（1）请购管控：请购分为两种情况，一种是按照订单和计划请购，结果依据MRP计算得出"采购建议书"；另外一种是零星的低值易耗品请购，直接填写"请购单"。

没有使用系统的时候，只有仓库知道库存，所以请购一般由仓库作业。使用系统后，因为库存共享，所以变为由生产管理人员用MRP计算得出。

（2）询价管控：大公司的管控方式是每采购一个新的东西必须要先询价，而且至少3家，然后由财务核价，未核价的，系统卡死了是无法下"采购订单"的。公司做大了，老板不可能总盯着去监管，股东又不是一个人，所以只能靠制度、靠系统卡死。而小公司就不同了，不少采购是老板自己采购的，老板娘不可能自己还要管控自己吧，甚至有时采购订单都不下了，直接一个电话让供应商送货。上面举了两个极端的例子，目的是让读者学会灵活应用系统。系统功能都考虑到位了，至于选择什么样的管控方案是要通过参数配置固化下来的。针对广大中小企业而言，询价单用途只要当记事备忘录就行了。已经发生业务往来的，单价直接录入采购订单中，无需

再记事备忘。

（3）价格权限管控：系统里所有相关的采购单价也是独立授权的，业务文员有权限看到售价，但是无权限看到采购价；采购员可以看到采购类价格，但是无法看到销售类单据价格。系统实际上是把售价、进价、成本分开授权的。

（4）采购订单管控：采购订单可以依据请购单或者采购建议书转单过来，也可以手工直接录入。针对一些在超市、商店购买的杂货（如办公用品、劳保用品）的采购，可以建一个名字叫"杂货供应商"的统一供应商，采购订单还是要补在系统里，因为仓库的入库是依据订单转单的，仓库是没有权限看到价格的，如果直接做入库，就没有单价了。所以只能统一控制所有的采购必须在系统里有采购订单。

（5）来料检验管控：供应商送货过来要严格按照订单收料（暂收），采购或者仓库作业；发通告下去，无订单不允许收料。这也是跟客户所学，发货给客户的时候是不是也要提供订单号呢？然后通知品质部门检验，品质部门将检验结果分为3类，合格的填写"验收单"，有点瑕疵让步接收的填写"特采单"，不合格的填写"验退单"。

所有的物料都是要检验的，但是并不是说所有的物料检验过程都必须要用系统来卡关，一般应用中只有一些重要的物资才需要用系统卡关，详细填写检验记录，方便以后追踪检验过程。可以在系统中设定哪些物料需要走系统检验流程。那些不走系统检验的，采购入库单可以直接从采购订单转单。

质量检验控制分为几个级别：眼睛看看，纸张单据签字，系统记录检验记录，最严格的是在系统里定义好检验项目和检验标准，填写完检验记录后，由系统自动判定是否合格。最后一种几乎都不

第 6 章　巧用 ERP 构建物流、资金流管控平台

用，过程执行起来太复杂，除非是特定的行业非需要严格的检验控制过程。

（6）采购入库管控：需要检验的物资依据品质检验结果"验收单"或者"特采单"办理入库手续；不需要检验的物资直接依据采购订单转入库手续。

（7）采购入库数量管控：系统可以设定入库数字是否能够超过订单数，也可以细化到不同的物料，针对不同的物料设定不同的超收比率，超过比率的，无法入库，如图 6-10 所示。

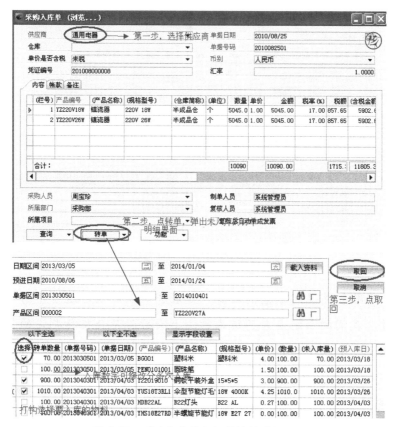

图 6-10　采购入库单从订单转单过程界面

· 93 ·

(8) 对账管控：采购用采购发票跟供应商对账，系统里的采购发票其实只是一个形式发票，用来记录是否已经开票，可以把其当作对账单来用。供应商将对账单传过来后，采购只要把所有未开过票（即未对过账）的采购入库单全部转进来，依据供应商的对账单逐个比对勾选即可。供应商将发票送来后，由财务将发票号码填写进去并审核，生效后直接产生应付款，如图6-11所示。

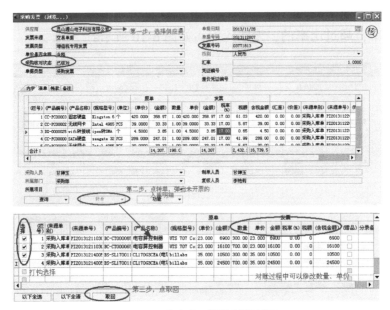

图 6-11　采购发票操作过程界面

> 巧用系统规则管控供应商，如果告诉供应商，送货不附带订单号，我们的系统是录不进来的；上次检验不合格待判定的物料现在还无法对账开票等。

(9) 采购未清事项提醒：系统可以对采购业务流程未做完的事做提醒，如未采购的请购明细、未入库的采购订单明细、未开完票的入库明细等。

第6章 巧用ERP构建物流、资金流管控平台

6.4 仓库流程管控

1. 仓库管控

仓库就是管收发的,所以单据都是跟出、入相关的,如图6-12所示。总的来说,仓库出入可以分为以下几类。

图6-12 仓库出入类别

(1) 客户:按照客户订单做"销售发货单",或者不良品做"销售退货单"。

(2) 供应商:按照采购订单做"采购入库单",或者不良品做"采购退货单"。

(3) 车间领料:按照生产工单做"生产领料单",或者多余的做"生产退料单"。

(4) 车间入库:按照生产工单做"产品入库单",或者不良返工的做"生产退制单"。

(5) 委外发料:按照委外订单做"委外领料单",或者素材不良的做"委外退料单"。

(6) 委外入库:按照委外订单做"委外入库单",或者不良返工的做"委外退制单"。

(7) 借出归还：借出归还的分别做对应的"借出归还单"。

(8) 调拨单：物料从一个仓库调拨到另外一个仓库，就通过"调拨单"来做。

(9) 跟客户、供应商、车间、委外、借还无关的出入库，都做"其他入库单"，或者"其他出库单"，一般通过定义不同的出入库类别加以区分。

(10) 盘点单：当实际库存和系统账面库存不一致时，就需要通过"盘点单"来调整库存。

没有系统的时候，仓库相当于就是做收发存流水账，无法做到收发管控。用系统时讲究收发要有依据，销售发货和采购入库的管控前面已经讲过了，生产相关的收发依据是工单的用料计划，具体在生产管控环节讲解。

2. 盘点管控

盘点单的审核权限一般给财务，否则仓库可以自己随意盘点调整账面库存。通过盘点单可以很直观地看到物料的盈亏情况。

盘点的方法：先通过库存报表按照物料排好序，然后导出 Excel（注意该 Excel 先保留），打印出来，去仓库盘点，将实盘数填写在纸上，盘好后，将纸上的实盘数返回填写到 Excel 里，然后通过 Excel 导入进盘点单。这样盘点单就不用一个一个地手工输入了，如图 6-13 所示。

3. 产品动态库存预估汇总表

没有用系统的时候，手工 Excel 只能做到汇总出收发存，即有多少库存。但是动态的库存因为工作量太大无法统计，如采购订单还没有入库的、车间生产工单还没有领料的、客户销售订单还没有发

第6章 巧用ERP构建物流、资金流管控平台

货的、车间生产工单在制中还没有入库的等。

图 6-13 盘点单直观查看盘盈盘亏界面

如图 6-14 是汇总表,双击即弹出下面的明细表,明细表上可以看到预计出和预计入的原因。

图 6-14 产品存量预估汇总表及明细表

针对原材料而言,"采购订单"产生"预计入","生产工单、委外订单"产生"预计出"。

针对产成品而言,"销售订单"产生"预计出","生产工单、委外订单"产生"预计入"。

得出公式如下:

库存量 + 预计入 - 预计出 = 可用量

可用量才是真正准确的库存量,而库存量只是一个"虚"的数字,并不准确,容易产生欺骗性。当发现材料可用量为负数时,说明材料肯定不够用,赶快补下采购订单,否则后面肯定会遇到材料短缺的情况;当成品可用量为负数时,赶快补下生产工单;可用量为正数的,说明都是多出来的库存。

6.5 BOM 工艺管控

一、BOM 表

当要用生产管理功能的时候,BOM(Bill of Material,物料清单)表是必不可少的环节,它反映了产品的组成结构,如图 6-15 所示。

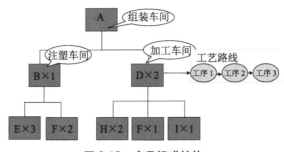

图 6-15　产品组成结构

其中,A 是成品,中间层 B、D 是半成品,E、F、H、I 是采购件。材料 E 和 F 按照 3∶2 的计量单位注塑成 1 个半成品 B;材料 H、F 和 I 按照 2∶1∶1 的数量加工成半成品 D;最后 B 和 D 按照 1∶2 的关系组装成 A。

针对成品、半成品还需要设定其对应的生产单位,如 A 对应组装车间,B 对应注塑车间,D 对应加工车间。

第6章 巧用ERP构建物流、资金流管控平台

针对成品、半成品还需要设定其生产方式是"内部生产"还是"委外加工",这样系统就知道是下达给内部车间还是给委外供应商做,厂内生产和委外生产的区别在于要结算加工费。

其中D这个半成品是需要经过3道工序才能加工完成的,每道工序都要进行管控。针对D需要单独再建立一个"工艺路线",该工艺路线由"工序1"、"工序2"和"工序3"组成。这样D这个半成品在下生产工单的时候就会附带工艺路线,生产过程中就可以按照工艺路线进行流转管控。

BOM结构是必须要建立的,因为系统会根据图6-15这个BOM自动生成A、B、D三个生产工单,分别下达给组装车间、注塑车间和加工车间。同时自动生成材料E、F、H、I的采购请购单。BOM是MRP的核心,所以做BOM表的人一定要细心,因为一旦BOM建错了,那么下面系统自动生成的生产工单、委外订单、采购订单也都会出现问题。它是系统自动生成生产件对应的生产工单、委外订单的依据,也是自动生产采购件对应的采购订单的依据。

二、工艺路线

生产工单管理模式分为两种(专业名词称之为离散型和连续型,实际上企业往往是两者的混合),一种是生产周期短,不需要管控中间工序环节;还有一种是生产过程有多个工序环节,需要管理到每个工序的产出。这两种模式分别对应普通不带工艺路线的生产工单和带工艺路线的生产工单。

例如,如普通的家电注塑件(无需喷涂丝印的),就是通过塑料粒子在高温下熔化再注入模具后冷却成型的。其生产过程比较简单,不需要进行过程管理,就不需要建立工艺路线,只需要建BOM

表说明材料的用量即可。

又如，机械加工类的零部件，其生产过程需要经过 CNC 机加—去毛刺—电镀—检验包装，每个工序都对应不同的生产单位，而且内部管理要求管控到每道工序的产出、进度。这样就需要为该产品建立工艺路线，如图 6-16 所示。

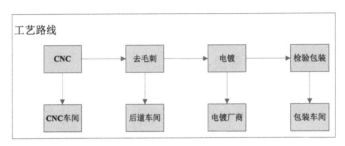

图 6-16　工艺路线

工艺路线由各个工序组成，每个工序又对应一个生产单位（加工中心或者叫车间、机台）。设定了工艺路线后，该产品所下达的生产工单就会具备工序管理的功能，在系统中可以记录每道工序的产出，报表中就能够看到每道工序的生产进度。

总结：简单地理解，建 BOM 的目的是管理生产用料，建工艺路线的目的是管理工序的生产过程，如图 6-17 所示。

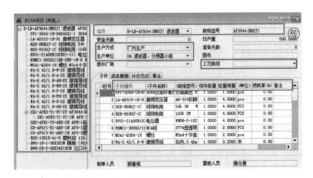

图 6-17　某个产品的多层 BOM 结构

第6章 巧用ERP构建物流、资金流管控平台

> **说明**
>
> BOM里应该还有采购周期和生产周期,否则MRP计算的结果只有数量,没有采购交期,没有工单的完工日期。
>
> 工艺路线绝非技术上的详细工步,而是指管理上的关键工序环节。车间工序数据采集是通过人工录入的方式进行的,考虑到数据采集的工作量,所以工序无法细化;但是站在生产排程的角度,又需要细化。这个矛盾主要是因为常规的ERP系统无法做到生产排程,MRP计算没有做到在有限产能内计算,但不代表没有排程这样的系统,第7章就会讲解生产排程。所以MRP就只简单发挥其用料分解功能,不再涉及采购周期和生产周期。
>
> BOM也可以通过PDM(产品数据管理)系统直接导入,PDM是工程部用来管理产品设计图纸的系统。本书将在第8章讲解PDM。

6.6 生产计划管控

生产计划流程如图6-18所示。

图6-18 生产计划流程

企业中生产计划员的工作量是巨大的。除了要跟各个部门沟通外,生产计划员最主要的工作就是做大量的分解计算。根据客户订

单的数量按照物料清单BOM表分解计算需要采购多少材料、生产多少半成品，计算时要扣减现有库存；还要计算日期，依据客户订单的交期，倒算材料的采购交期，半成品的开始生产日期和最迟完工日期。庞大的计算量让计划员很头疼，而计算是电脑、软件的强项，所以从计划模型上看过程比较简单，计划员的工作就是做MRP计算，系统会自动依据BOM分解计算，计算时考虑动态库存，最后生成厂内生产工单、委外生产工单以及采购建议书。

MRP（Material Requirements Planning，物料需求计划）的基本原理就是由产品的交货期展开成零部件的生产进度日程与原材料、外购件的需求数量和需求日期，即将产品出产计划转换成物料需求表。MRP待处理的问题及所需的信息如表6-1所示。

表6-1 MRP待处理问题及所需的信息

处理的问题	所需的信息
1. 生产什么？	1. 订单
2. 要用到什么？	2. 准确的物料清单（BOM）
3. 已具备什么？	3. 准确的物料动态库存
4. 还缺什么？何时需要？	4. MRP的计算结果（生产计划和采购计划）

某小型系统通俗易懂的MRP计算过程及结果如图6-19～图6-22所示。

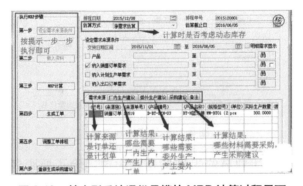

图6-19 某小型系统通俗易懂的MRP计算过程界面

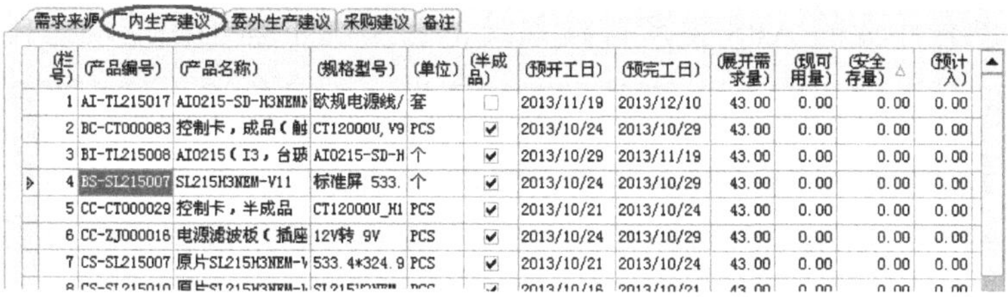

第6章 巧用 ERP 构建物流、资金流管控平台

图 6-20 MRP 计算结果：厂内生产建议界面

图 6-21 MRP 计算结果：委外生产建议界面

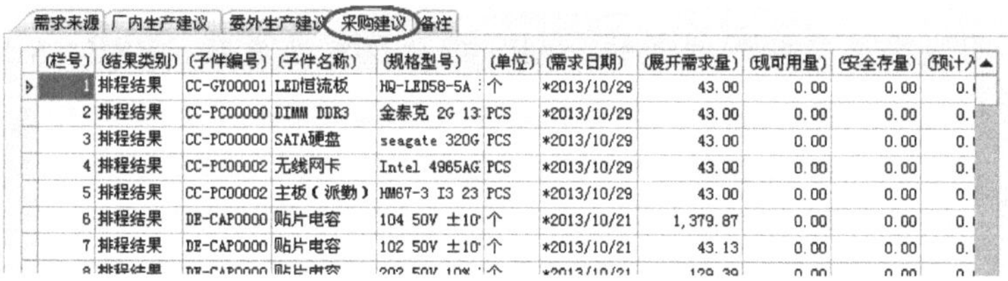

图 6-22 MRP 计算结果：材料采购建议界面

关于 MRP 时间安排：分解生产类工单、采购类订单，确定什么时候开工、什么时候完工、采购单要求什么时候交货，这些问题取决于产品资料上设定的"产能""采购提前期"等信息。然而这些功能以现有 ERP 系统的 MRP 功能来说尚达不到实际理想的效果，产品生产量小的、装配型的小企业可以借鉴一下，其他企业基本不要指望靠 MRP 实现自动化排产。因为现有 MRP 模型是在产能无限化的基础上设计的计算逻辑，并没有把一个企业总的产能锁定死，只是按照交期，依据产能倒推开工时间，并没有在有限的产能内部做自动调整。如果把总的产能锁定死，每次新的订单过来都应该是在现有的动态车间里插排重新计算，所谓牵一发而动全身。市面上

确实也有专业的 APS 生产排程系统，它实现了理想中的动态排产要求，但是它需要跟 ERP 系统做对接开发，而且价格也较为高昂。如果要系统自动排程，需要完善大量的基础信息，绝非简单的产能数据。另外，必须实时地把车间各个详细工序进度数据反馈进系统。车间数据采集如果只是靠人为来录入系统，那么要增加大量的人力成本也是不现实的。所以大多数企业目前只能用现有的基于 BOM-MRP 模型原理开发的 ERP 系统。

 有些企业确实需要生产排程提高效率怎么办？

当然，现在车间数据高速实时采集技术也成熟了，MES 就是解决车间数据采集瓶颈问题的，APS 排产技术也成熟，ERP、MES、APS 对接也可行，而且 APS 可全自动细化到物料线性库存级，也可以半自动到车间排产级，这就是第 7 章讲的 APS-MES 系统。

6.7 生产流程管控

BOM 示例如图 6-23 所示。

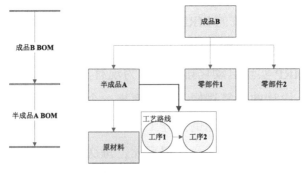

图 6-23 BOM 示例

第6章 巧用ERP构建物流、资金流管控平台

BOM示例解说：原材料先通过机加工生产出半成品A，然后半成品A和一些零部件装配成B。该企业有2个车间，一个是机加工车间，一个是装配车间。因为机加工速度比较慢，装配相对较快，是一个装配流水线，为了防止装配过程中发生缺料情况，决定机加工车间生产出来的半成品都要先入半成品仓库，待成品B装配所需的所有半成品及零部件全部配套到位后，再从半成品仓库领半成品，从材料仓领用零部件。因为A要入库，所以BOM建了2层，这就是"离散型"。针对半成品A的加工虽然经过2道工序，但是工序之间不入库，这就是"连续型"。其实从简单的角度说，只要半成品入库，就是离散型，针对离散型，BOM就要分层建了。

如图6-23所示，系统会自动生成成品B对应的生产工单，以及半成品A对应的带工艺路线的生产工单，管理过程如图6-24所示。

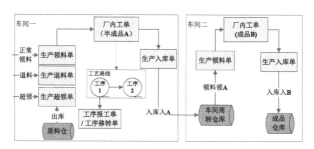

图6-24 厂内生产业务流程

1. 流程管控

主要就是一个生产工单，工单上有生产用料计划，有生产数量、时间安排计划、工艺路线信息等。系统常见的管控点就是领料的时候按照工单上的用料计划来做"领料单"，按照工单上的生产计划来做"生产入库单"。针对带工艺路线的工单，按照工艺路线做每道工序的移转单。按照工单统计工时和质量信息。

2. 物料领料入库管控

可以根据系统参数设定来控制领料是否允许超领，超领的话是否单独走超领流程，入库时是否允许超工单计划数入库。针对吸塑行业，材料是卷材，要领就是一卷，这就无法控制超领了，只能是多的料让车间退料，最后考核每个工单的理论耗料和实际耗料对比，灌输生产人员成本控制意识，把材料成本管控纳入到对生产人员的绩效考核体系中。针对铜线或者铜材的卷材，也是一卷一卷领用的，但是又很贵重，多余的部分可以走"借出"的方式发放车间，最后要求车间归还。针对车间超过工单计划数多生产的产品，可以严格控制不允许入库，超过的部分就堆在车间里，定期由总经理批准后入库。这种方式的目的也是提醒车间的成本意识，减少浪费。

3. 物料工序流转管控

物料在工序流转过程中也可以控制，如第一道工序只领用了100个物料，那么向下一道工序移转的时候，就最多只能移转100个，超1个都无法保存，物料移转到哪里就是哪里。针对贵重的物料，就可以这样管控，东西到底在哪里，如果少了，要知道在哪个环节因为什么少的，责任人是谁。针对生产精密小件且量大的企业则不适合这种严格的管控，因为东西太小，无法数数字，只能靠称量，这样的话，就难免会出现误差，容易造成系统瘫痪。针对这种情况，可以采用类似报工的方式，而非移转。报工就是类似一个统计的作用。

4. 工时管控

有些企业需要对生产工时做统计分析，作为机台嫁动率、成本费用分摊、计时工资等分析依据，可以通过工序报工单进行统计。不同系统设计有些差别，但肯定有对应的单据来录入工时、质量、

第 6 章 巧用 ERP 构建物流、资金流管控平台

数量等信息。

5. 质量管控

车间质量信息登记通过"报工单"统计，系统可以自动生成多角度的质量分析报表。针对管控要求严格的企业，系统可以做到工序检验不合格就无法流转到下一个工序，在入库前也可以做检验控制，不合格无法入库。

> **车间或者仓库在系统中录入"生产领料单"及"生产入库单"的时候，怎么让他们知道"生产工单号"呢？**
>
> 在实际应用过程中，工单号必须要下发到车间中去，针对装配型的企业，一个生产工单打印一张 A4 纸，可以把生产信息、用料信息、品质检验信息、工时统计信息、入库信息全部设计集成在一张 A4 纸上，凭该单领料，凭该单入库。针对工艺流程型的工单，也是如此。一张工单打印一张 A4 纸，在原有基础上再增加一列工序，设计成工序流转卡的格式，让该工单随着物流走动，从生产管理人员下发出去，经过领料、生产流转、入库环节，最后再回到生产管理人员手上。对该工单做考评。考评耗料差异、生产完成率、品质、工时，甚至成本差异等。
>
> 针对车间规模大一点的企业，因为总的计划员无法排到详细的作业计划（没有用 APS），往往不会把每个工单打印出来下发给车间，通常是把总的生产任务报表一起给车间，由车间主管负责内部调度。一个工单可能占用多个机台，如果要把每个工单都打印成一张纸太浪费，那么可以在排机台的时候，把工单号连同料号一起写在机台看板上，这样物料员在统计每天产出表时，就能够分清工单号。这样才能保证领料和入库都对应到某个工单，否则用工单管控就失去了意义。

6.8 委外生产管控

工单委外业务流程如图 6-25 所示。

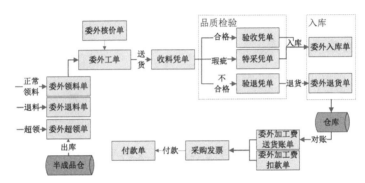

图 6-25 工单委外业务流程

委外不同于采购，采购是直接向供应商买东西，委外是指公司内部提供材料给供应商，供应商只是加工一下，然后再送货回来。工单委外管理结合了厂内生产和采购管理的特点组合。委外和厂内的共性特点是它们都是按照工单指令生产，按工单发料，按工单入库。委外和采购的共性是刚开始要谈好一个加工单价，委外回来也要验收后再入库，月底也有对账，经过采购发票形成应付款。不同的是，采购发票前多了一个当月的加工费确认，这是给财务统计当月加工成本用的。

1. 委外在制余料管控

按委外工单统计发出去多少料，回来多少成品，还有多少结余。实际应用中，一般为了把在制余量搞清楚，不用超领单，工单是多少，就发多少。厂家做报废要送回来，丢失的也要在账上做入库，只是通过类别区分"无货入库"，这样就可以做到每一份用料的去向都

第6章 巧用ERP构建物流、资金流管控平台

清清楚楚，一单一单数量结清。针对报废丢失的，重新再下一个新的工单给供应商。

2. 委外加工费管控

正常良品计算加工费，退货返工扣减加工费，报废丢失的要扣款。

3. 工单委外和工序委外的区别

委外管理分为工单委外和工序委外两种。拿注塑举例，很多做家电的企业其注塑件都是委外给注塑厂加工的，因为大的家电企业用量大，集中采购材料价格低，由家电厂提供材料给厂家注塑加工。这就是典型的工单委外模式。针对注塑企业，注塑完后，有些产品是要喷涂或者电镀的，因为注塑厂没有电镀车间，一般都是将注塑好的毛坯再外发给电镀厂加工。其电镀加工给人直观的感觉就是工序委外，如图6-26所示。

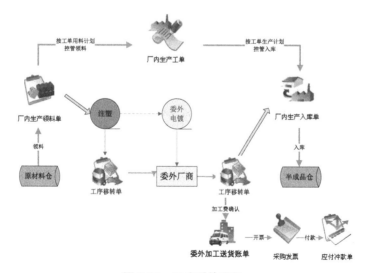

图6-26 工序委外流程

工序委外从注塑前的毛坯到最后电镀好的成品，都是用同一个

料号，发料出去是从车间工序直接移转出去的，理论上中间是不经过仓库的，委外回来也是要先通过工序移转单转回，即使后面没有工序了，也要做一个空的移转动作，入库是最终通过厂内工单统一入库的，加工费是依据工序移转单来确认的。从加工费确认到后面的发票、付款流程跟工单委外是一致的。工序委外也可以通过工单委外来实现，转变后的工序委外流程如图6-27所示。

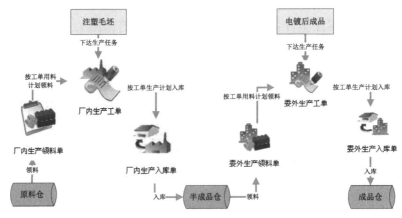

图6-27 转变后工序委外流程

针对离散型的工单委外，必须要建BOM，把电镀前与电镀后建两个料号区分，两个料号搭建成一个BOM结构。工序委外因为对系统设计要求偏高，有不少细节问题本书中没有提到，一般小批量的、委外厂商相对固定的适合用工序委外。

4. 针对一些小企业委外其他应用方法列举

（1）采用采购管理模式，不建立BOM，下采购订单，发料用其他出库单做，入库用采购入库单，不良品用采购退货退回。这种方式的好处是简单、节约软件成本。

（2）用仓库调拨，把每个委外厂商建一个虚拟仓库，发料出

第 6 章　巧用 ERP 构建物流、资金流管控平台

去用调拨单，入库回来也用调拨单，仓库里的库存即为委外商那里的余料。通过调拨明细表整理出对账单，对账单通过 Excel 直接导入采购发票。该方法的缺点是加工费没法管控，尤其是同一个东西给多个厂家加工，单价又不同的情况下。不过可以将每个料号对应各个厂家的单价单独用 Excel 记录，对账的时候再和"调拨明细 Excel"用 VLOOKUP 函数比对。

上面的两种方法只针对小企业，不打算使用系统自带的成本模块。

6.9　财务管控

拿应收举例，系统中应收由销售发票产生，销售发票一般是由业务文员制单，财务审核。而销售发票又是由销售出库单转单过来，即销售出库单一旦有一笔做错了，该客户月底对账肯定是对不上的。销售出库单是由仓库制单、业务文员审核的，发现错误的时候，只能业务文员取消审核销售出库单，再通知仓库去修改，然后业务文员再重新审核。仓库做销售出库单又是从业务文员的订单转单过来的，如果业务文员订单录入错误，还要反过来先修改订单。所以在对账的时候如果出库单做错了，将会面临不少麻烦。也正是因为存在这个麻烦，才会逼着业务助理在一开始录入订单的时候就要仔细，审核仓库销售出库单的时候也要认真，否则最后折腾的还是自己。

各个部门文员账务的做法一般都是按照财务要求执行的，所以财务只要要求业务助理对账单在系统中执行，那么前面的销售流程就肯定卡起来了，绝对不会像其他公司购销存使用不起来的情况，或者刚开始用得蛮好，过段时间就乱了。而且一旦对账在系统中执行了，系统就会自动产生应收款，这给财务和业务助理都帮了很大

的忙,系统可以把应收款按照账龄分区间统计。所以业务助理前期认真细致的工作也会在后面得到出乎意料的回报。

对账单(销售发票)由业务文员制单,财务依据销售发票上的金额在税务金税系统里开票,并把实际发票号码填写到形式发票中,这样系统中统计出来的应收款就肯定是准确的。在销售发票上还有一个栏为"预计收款日期",应收款账龄表就是依据该日期统计及提醒的,如图 6-28 所示。

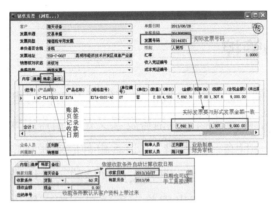

图 6-28 销售发票上自动计算收款日期

一、应收款对账表

客户应收款对账表如图 6-29 所示。

图 6-29 客户应收款对账表

第6章 巧用ERP构建物流、资金流管控平台

收到客户的款子后，财务在系统里做"应收冲款单"，用来冲抵应收部分。

应收款账龄过期统计表如图6-30所示。

客户编号	客户简称	期初应收款	30天以下	31天至60天	61天至90天	91天至180天	181天以上	期末应收款
TSD-C-0001	Touch Tech	0.00	0.00	0.00	0.00	6,820.00	86,801.40	93,621.40
TSD-C-0002	昂普	0.00	0.00	0.00	0.00	3,900.00	17,840.00	21,740.00
TSD-C-0003	奥拓电子	0.00	0.00	0.00	233,360.00	970,700.00	1,464,400.00	2,668,460.00
TSD-C-0004	北京兆维	0.00	0.00	0.00	0.00	0.00	13,200.00	13,200.00
TSD-C-0006	长城信息	0.00	4,229.40	32,599.80	17,212.80	39,941.60	656,835.10	750,818.70
TSD-C-0007	超氏	0.00	0.00	0.00	0.00	0.00	65,150.00	65,150.00
TSD-C-0012	福州银达数	0.00	0.00	0.00	0.00	0.00	72,900.00	72,900.00

图6-30 客户应收款账龄统计表

"账龄"是指应收款账的年龄，这个表反映应收款"过期"的金额按照日期区间分栏显示。如图6-30所示，有一笔金额970700分布在91～180天这个区间，说明这笔款子已经过期91～180天了。双击就能看到该款子对应的发票明细。可以把该表按照业务员统计，跟业务薪资绩效挂钩。同这张表类似的还有一张就是按照"收款计划"分布，看看未来一段时间内的收款计划，结合付款计划，可以合理安排资金周转。应付款管控同应收款一样，在此不多讲解。

二、库存成本

库存成本计算一般按照月加权或者移动加权的方式统计，外购材料平均成本主要是依据采购入库单上的未税金额来计算的。采购流程有了对账环节关卡的控制，那么平均成本就准了。通过库存收发存汇总表，可以直观快速地查看目前库存及总额，如图6-31所示。

产品编号	产品名称	规格型号	单位	上期结存 数量	上期结存 平均成本	上期结存 总成本	本期收入 数量	本期收入 总成本	本期发出 数量	本期发出 总成本	期末结存 数量	期末结存 平均成本	期末结存 总成本
DL-LCD00017	15寸LCD液晶屏	TMS150XG1-10TB	天个	10.00	341.8800	3,418.80	9.00	3,076.92	8.00	2,735.04	11.00	341.8800	3,760.68
DL-LCD00029	17寸LCD液晶屏	M170ETN01_V0 128	台	470.00	304.1382	142,944.96	513.00	140,500.65	867.00	249,997.30	116.00	288.3475	33,448.31
DL-LCD00033	17寸LCD液晶屏	G170EG01 V0	PCS	7.00	581.1971	4,068.38	0.00	0.00	2.00	1,162.39	5.00	581.1980	2,905.99
DL-LCD00034	15寸LCD液晶屏	M150MNN1 R0 IV0	PCS	0.00	0.0000	0.00	6.00	2,307.70	1.00	384.62	5.00	384.6160	1,923.08
DL-LED00006	42寸LED液晶屏	LC420EUN-SEM1 LG	台	2.00	1,837.6100	3,675.22	1.00	1,837.61	2.00	3,675.22	1.00	1,837.6100	1,837.61
DL-LED00013	21.5寸LED液晶屏	M215HW02 V0 LED A	PCS	14.00	495.1286	6,931.80	20.00	9,914.52	28.00	13,873.44	6.00	495.4800	2,972.88
DL-LED00014	19寸LED液晶屏	M190EG02, V.9 128	PCS	14.00	427.3507	5,982.91	166.00	68,213.68	36.00	14,839.32	144.00	412.2033	59,357.27
DL-LED00018	17寸LED液晶屏	M170EGK-L20, 奇美	PCS	5.00	358.9740	1,794.87	0.00	0.00	2.00	717.95	3.00	358.9733	1,076.92
DL-LED00019	15.6寸LED液晶屏	LG LP156WF2-TLA1	PCS	8.00	393.1625	3,145.30	0.00	0.00	5.00	1,179.49	3.00	393.1620	1,985.81
DL-LED00021	15.6寸LED液晶屏	G156XW01 v1 FS 13	PCS	0.00	0.0000	0.00	5.00	3,205.13	2.00	1,282.05	3.00	641.0287	1,923.08
DL-LED00025	10.1 LED液晶屏	N101ICG-L21 奇美	PCS	13.00	273.5038	3,555.55	-3.00	-820.51	5.00	1,367.52	5.00	273.5040	1,367.52
DL-LED00029	42寸LED液晶屏	LC420EUN-SEM1 LG	PCS	14.00	1,837.6064	25,726.49	0.00	0.00	3.00	5,512.82	11.00	1,837.6064	20,213.67
DL-LED00030	32寸LED液晶屏	LC320EUN-SEM1_CAS	PCS	33.00	1,153.8464	38,076.93	0.00	0.00	5.00	5,769.23	28.00	1,153.8464	32,307.70
DL-LED00031	32寸LED液晶屏	CAS_LC320EUN-SEM2	PCS	4.00	1,153.8464	4,615.38	0.00	0.00	3.00	3,461.53	1.00	1,153.8500	1,153.85
DL-LED00032	15寸LED液晶屏	LQ150XLG93 Sharp	PCS	1.00	307.6900	307.69	20.00	6,153.85	11.00	3,384.62	10.00	307.6920	3,076.92
						244,244.2		234,389.55		309,342.5			169,291.2

图 6-31 收发存汇总表，可以分仓显示

> **说明**
>
> 如果对采购流程的对账环节关卡的控制没有出错，期末成本却还是不对，可能是期初成本不对或其他原因造成的，可以通过双击汇总表查看明细追查原因，最后通过"成本调整单"调整成本。
>
> 半成品和成品的成本是通过生产成本模块计算出来的，然后再跟本月期初做月加权，得出本月最终成本。

三、生产成本管控

产品生产成本＝材料成本＋人工费用＋制造费用

材料成本控制：只要按照生产流程管控章节执行，就做到了材料管控。

$$\text{材料成本} = \frac{\text{该成品当月所有的工单对应用的所有耗料（即领料-退料）} \times \text{材料对应的库存平均成本}}{\text{该成品当月所有工单对应的所有入库数量合计}}$$

上面的这个公式只能泛泛地简单理解计算思路，实际上当月领的材料可能并没有完全生产完，或者生产好的部分还没有来得及入库，应该把车间在制这部分的材料扣除掉；当月入库的产品也有可

第6章 巧用ERP构建物流、资金流管控平台

能是上个月领的材料生产的。在制部分一般不会实际去做现场盘点，工作量太大，一般都是用预估约当量的方法确定在制数。具体逻辑比较复杂，这里就不讲了。中级以上的系统一般都有完善的解决方案，导入系统的时候，顾问会详细讲解。用户只要单击"成本月结计算"按钮，系统就会自动计算材料成本。小系统虽然也有成本模块，但是考虑得可能不够细化。

关于在制材料的另外一种管控应用方法，即在月底那两天的时候注意一下，能生产多少就领多少，多领的部分退回仓库，凡是生产完的产品月底及时入库。该方案适合生产周期短的产品。

人工费用、制造费用：当月发生的人工制费按照数量、工时等方法分摊。不同车间的人工制费可以选择按照不同的方式分别分摊。费用发生额从财务总账取值。人工制费分摊界面如图6-32所示。

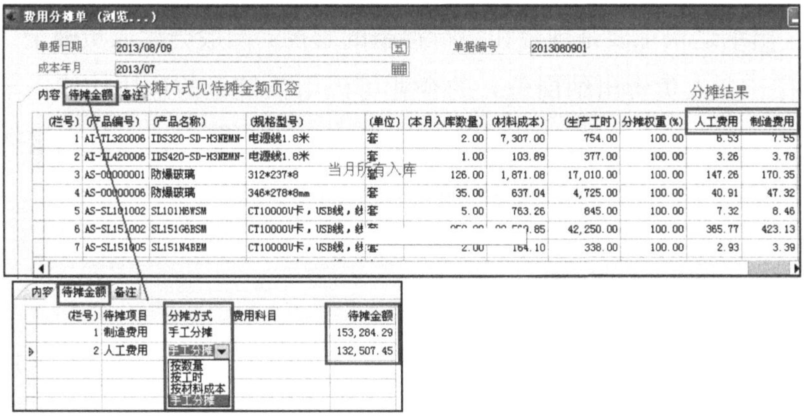

图6-32 人工制费分摊界面

费用分摊完后，系统一般都会有一个"成本月结计算"按钮，只要单击一下，最终成本就自动计算出来，如图6-33所示。

功能偏强的系统针对成本组成项目是可以自由增加的，如某

企业电费支出占据最大比重，可以把电费单独划分出一栏进行统计分析。

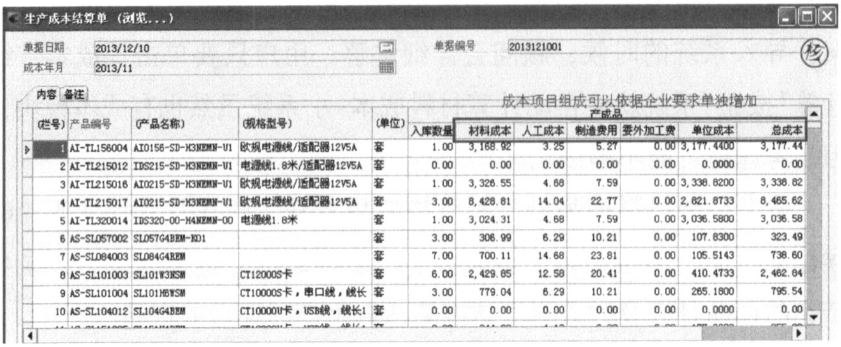

(栏号)	产品编号	(产品名称)	(规格型号)	(单位)	入库数量	材料成本	人工成本	制造费用	委外加工费	单位成本	总成本
1	AI-TL156004	AI0156-SD-H3NEMN-U1	欧规电源线/适配器12V5A	套	1.00	3,168.92	3.25	5.27	0.00	3,177.4400	3,177.44
2	AI-TL215012	IDS215-SD-H3NEMN-U1	电源线1.8米/适配器12V5A	套	0.00	0.00	0.00	0.00	0.00	0.0000	0.00
3	AI-TL215016	AI0215-SD-H3NEMN-U1	欧规电源线/适配器12V5A	套	1.00	3,326.55	4.68	7.59	0.00	3,338.8200	3,338.82
4	AI-TL215017	AI0215-SD-H3NEMN-U1	欧规电源线/适配器12V5A	套	3.00	8,428.81	14.04	22.77	0.00	2,821.8733	8,465.62
5	AI-TL320014	IDS320-00-H4NEMN-00	电源线1.8米	套	1.00	3,024.31	4.68	7.59	0.00	3,036.5800	3,036.58
6	AS-SL057002	SL057G4BEM-K01		套	3.00	306.99	6.29	10.21	0.00	107.8300	323.49
7	AS-SL084003	SL084G4REM		套	7.00	700.11	14.68	23.81	0.00	105.5143	738.60
8	AS-SL101003	SL101W3NSM	CT12000S卡	套	6.00	2,429.85	12.58	20.41	0.00	410.4733	2,462.84
9	AS-SL101004	SL101H8WSM	CT10000S卡，串口线，线长	套	3.00	779.04	6.29	10.21	0.00	265.1800	795.54
10	AS-SL104012	SL104G4BEM	CT10000U卡，USB线，线长1	套	0.00	0.00	0.00	0.00	0.00	0.0000	0.00

图 6-33　系统自动计算出来的产品成本列表

四、出纳管控

出纳这块主要是现金和银行存款的管控。一般会计人员健全（专门有一个人负责出纳岗位）的企业可以用系统里的这块功能。系统自动统计现金银行的流水账及对账单。中小企业会计一般直接在总账模块里通过记账凭证及相关的明细账来统计管理。

五、固定资产管控

针对公司的固定资产，在系统里可以逐个建立固定资产卡片，记录相关的信息，包括原值、产值、折旧方法、所属部门、附属配件等。将各个固定资产卡片打印出来后，再贴上带条码的小标签，这样方便以后用无线扫描枪快速盘点。系统可以自动计提每月的固定资产折旧，统计现有残值，也可以记录对应的工作量，方便提醒维护保养，如图 6-34 所示。

第6章 巧用ERP构建物流、资金流管控平台

图6-34 固定资产卡片

六、财务总账管控

财务在理论上分为财务会计和管理会计，财务会计偏向对外税务局、股东、银行，管理会计偏向对内。财务会计偏向数据核算、出报表，管理会计偏向过程管控。

前面所讲的销售、采购、仓库、BOM、生产、委外、应收应付、库存成本、生产成本、出纳、固定资产，以及财务上的预算管控，这些都属于对内的管理会计范畴。本章所讲的财务总账，偏向于核算的范畴，既对外也对内。某某财务总账功能界面如图6-35所示。

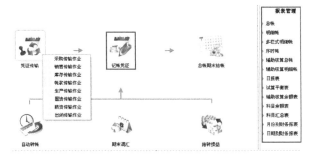

图6-35 某某财务总账功能界面

总账模块不专业地讲就是把销售、采购、仓库、生产、应收应付、固定资产、出纳等发生过"跟钱核算"相关的所有业务都以国家统一的"会计科目"形式通过记账凭证重新记账核算一遍,以税务规定的总分类账、明细账格式保管,每月以"资产负债表""损益表""现金流量表"的格式对外上报。

只是记账凭证可以通过事先设定好的业务逻辑自动从销售、采购、仓库、生产、应收应付、固定资产、出纳模块传输过来自动生成凭证。针对大型跨国集团企业,先将各个子工厂进行核算,最后还要到集团总部汇总核算,因为每月的凭证相当多,又为了管理上的统一,总账的记账凭证是随着其他各个部门的相关业务单据自动生成会计分录的。针对规模适中的企业,可以用半自动传输的形式将各个模块传输一次。再小一点的企业,也可以不用传输,直接手工录入凭证,待审核通过后(过账后),总账、明细账、财务报表也就都自动生成了。如此一来,就实现了财会人员对企业业务流程的监督,如图6-36所示。

图6-36 实现自动生成凭证监督企业部门单据录入

常规单据传输对应的凭证分录如表6-2所示。

第6章 巧用ERP构建物流、资金流管控平台

表6-2 常规单据传输对应的凭证分录

"销售出库单"常规对应的分录 借：主营业务成本 　　贷：库存商品	"销售发票"常规对应的分录 借：应收账款 　　贷：主营业务收入 　　　　应交税金——应交增值税——销项税额
"采购入库单"常规对应的分录 借：原材料 　　贷：暂估	"采购发票"常规对应的分录 借：暂估 　　应交税金——应交增值税——进项税额 　　贷：应收账款
"生产领料单"常规对应的分录 借：生产成本 　　贷：原材料	"生产入库单"常规对应的分录 借：库存商品 　　贷：生产成本

具体生成什么科目在系统里可以设置，本书不详细讲解，导入系统的时候，顾问会详细讲。

第7章 巧用 APS-MES 实现精益 JIT 生产

◎ 企业使用 ERP 后生产管理仍存在问题
◎ MES 数据实时采集带来的管理变革
◎ MES 生产排程——让民企也精益 JIT
◎ MES 和 ERP 对接及实施方案

本章提示：

ERP 中的生产模块主要是对物料数量进行 MRP 分解管控以及车间领用入库的管控，车间工序过程的管理还只能停留在人工录入的方式进行数据采集，效率太低、投入人工统计成本太高，并且远远满足不了对生产精细化管理的要求。

MES 主要是通过扫描枪扫码、RFID 智能感应、传感器自动从设备抓数据等相关技术，实现车间数据的高速实时采集，并在此基础上实现"自动化生产排程"、生产进度实时体现、工人生产效率对比、实时生产成本统计、机台嫁动率分析、车间质量、设备维护等精细化生产管理。

7.1 企业使用 ERP 后生产管理仍存在问题

企业通过导入 ERP，初步将物流和资金流进行了管控，解决了

第7章 巧用 APS-MES 实现精益 JIT 生产

业务、采购、仓库和财务部门的问题,但是要进一步降低生产成本,提高生产管理效率,提高客户服务满意度,生产部还有很多问题亟待处理,如图 7-1 所示。

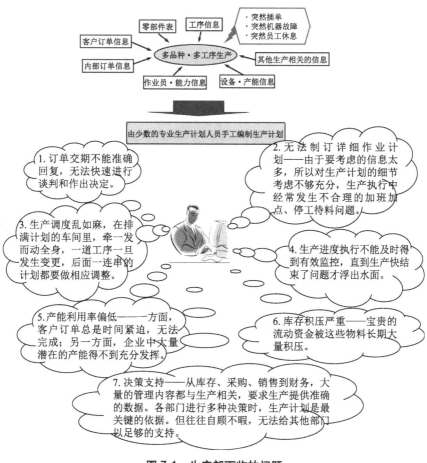

图 7-1 生产部面临的问题

生产管理问题的根源在于生产排程的计算工作量太大,要考虑的信息太多,如订单数量、交期、产品的详细工序、每道工序的工时、工序对应的设备、设备一周或者一个月内的总产能是多少、已经在车间里做的计划占用了多少产能、还有多少剩余产能、成品和材料的现有库存以及动态库存、各个订单之间的优先级等多种信息。这些复杂的计算量是手工、Excel、现有的 ERP 都无法解决的。

（1）因为不能准确地排出详细的作业计划，所以就无法跟客户谈判，无法回答客户订单交期；因作业计划细节考虑不够充分，生产执行中自然会发生不合理的加班加点、停工待料问题；每次调度都相当于重新做一次大工作量的排程计算，自然也就乱如麻；众多工序中，肯定有瓶颈工序和非瓶颈工序，因为作业计划不合理，设备之间的换模、待料、调试都会造成设备的空闲，设备的资源利用率也就偏低；因为没有准确的作业计划，又怕耽误交期，只能提前多买材料，造成库存积压。

（2）因为车间产品每道工序的生产进度不能及时反馈，都是靠人力集中时段输入电脑，而且只是针对几个关键工序做统计，统计信息滞后，因为不能及时反馈生产进度信息，反过来也制约了作业计划的下达，因为不知道剩余产能。

传统 ERP 中的 MRP 模型解决不了生产排程问题，如图 7-2 所示。

图 7-2　传统 ERP 中 MRP 模型的问题

传统的 ERP 的核心是 MRP 和 MRPII，它的理论形成已有三十多年，近些年来其理论和应用不断增添新内容，但它的静态物料结构 BOM 表、无资源能力约束、估算的生产提前期等早已不能满足更多新的需求。为了应对 ERP 无法解决的问题，一个新的基于有限资源能力的理论在 20 世纪 90 年代初开始应用，这就是 APS（Advanced Planning and Scheduling）。它解决了 ERP 无

第 7 章 巧用 APS-MES 实现精益 JIT 生产

法解决的动态过程管理问题。它是基于有限资源能力的优化计划，它将企业资源能力、时间、产品、约束条件、逻辑关系等生产中的多种真实情况同时考虑。

总之，针对现有常见的 ERP，只要完善两个方面（见图 7-3）就行了，一个是车间数据引入最新技术实现高速实时采集，另外一个就是在车间达到数据实时采集的基础上增加一个自动排产功能。

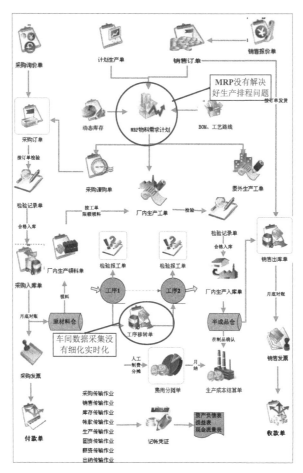

图 7-3　ERP 在生产管理方面有待细化的两个方面

7.2 MES 数据实时采集带来的管理变革

制造执行系统（Manufacturing Execution System，MES），"傻瓜化"地理解就是车间数据自动采集，自动出一些车间统计分析报表，也包含 APS 排产功能。

> 关于 APS 和 MES 系统区别详见 3.2 节，读者可以简单化地理解为一个系统，功能是一样的。

MES 数据实时采集常用的技术有扫描枪扫码、刷卡、无线射频、从设备自动抓数据等多种方式，一般依据企业的特性选择物美价廉且可行的方案。

1. 方案一：扫描枪扫条形码采集车间工序产量（现有的 ERP 就能做到）

扫描枪扫条形码大家日常都能见到，跟超市扫码一样，用扫码的动作取代了人为的录单据，提高了效率，如图 7-4 所示。

2. 方案二：刷卡采集方案

最常见的刷卡应用大家也都见过，跟坐公交车刷卡一样，在公交车上固定了一个"读卡器"，手持的"公交卡"在办理的时候已经写进了每个人的身份信息，这样刷卡的时候，读卡器就自动采集到乘车信息，并传输到服务器里。车间刷卡采集工单各个工序数据原理一样，如图 7-5 所示。

作业方式说明：

（1）硬件说明

写卡器是跟生产管理人员的电脑相连，方便生产管理人员直接

第 7 章 巧用 APS-MES 实现精益 JIT 生产

写卡下达。

从 ERP 里打印出来的工单上带条码，用来识别工单号，同时每个工序也带条码，用来识别工序，如左图所示。该工单在车间各个工序间流转，每个工序的工人或者班组长只需要通过扫码，然后再输入数字即完成了本工序的数据反馈。数据就被直接传输到服务器中的数据库里了。

扫码可以用有线的扫描枪，也可以用无线的扫描枪，左图中的是PDA（更先进的无线扫描枪，类似带电脑功能的无线扫描枪）。

普通扫描枪是通过连接客户端电脑传输到服务器中的。

图 7-4　扫描枪扫描条形码

读卡器是跟设备一一对应的，可以将读卡器固定在设备上，也可以固定每台设备靠近的墙上，也可以做个支架。

读卡器分为有线的和无线的两种，有线的是通过网线直接连接到服务器网络上的，无线的要在车间安装一个"信号传输基站"，通过基站传输到服务器上。数据是实时回写的。

（2）下发生产工单卡

生产管理人员在电脑上先做生产排程，当天的所有工单排好后，拿着空白的卡一张一张地往"写卡器"上放，这个过程就是写卡，将工单信息写进卡里，这样每张卡就代表一个生产工单，就可以下发到车间里了。

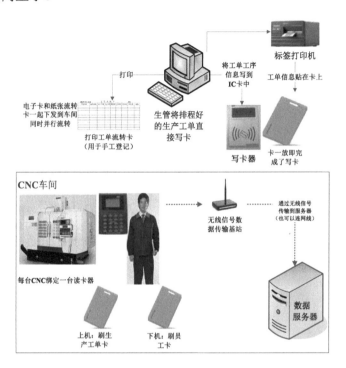

图 7-5 刷卡采集

> 每张卡片代表哪个产品工单肉眼看不出来，为防止混乱可以用铅笔在卡片背面写上工单号，或者用标签打印机把完整的工单信息打印出来贴在卡上，也可以将工单再打印一份纸张流转卡，纸张流转卡和 IC 卡放在一个塑料袋里，一起下发流转。

（3）生产过程中刷卡

开始生产时（即上机时）由作业人员直接刷"生产工单卡"，这样系统就能采集到如下数据："产品""工单号""机台""开机时间"等。

第7章 巧用 APS-MES 实现精益 JIT 生产

生产好后（即下机时）由作业人员先刷"员工卡"，同时在读卡器上输入完工数量，按确定。这样系统就能采集到如下数据：该任务号对应的"作业人员""完工数量""下机时间"等。

（4）生产品质检验刷卡

读卡器除了可以安装固定在机器上，也可以拿在手里，品质人员可以单独拿一台读卡器，在车间里做巡检，检验方式也是刷卡，刷工单卡，然后在读卡器上输入不良原因及数量。

> 把不同的不良原因分类，事先设定在系统里，品质人员只需要输入代码，方便录入，检验用的读卡器可以和品质人员一一绑定，这样用哪台读卡器读的，就代表是哪个品质人员检验的。

MES 数据实时采集带来的管理变革

以刷卡方案为例，刷卡动作都是由一线作业人员直接完成的，操作比较简单，只要通过作业规程培训形成习惯即可，跟以前工作量相比没有增加任何额外工作量，也不影响其正常生产作业。

工人顺带简单地刷一下卡，几乎所有的生产数据就都采集到了。

（1）生产进度信息：因为产品随着工序在流转，加工到哪个工序，对应的设备就会刷卡并记录数量，所以每个生产工单卡目前已经生产到哪个工序，生产多少就都一清二楚。

（2）生产计划与实际执行对比信息：每个工单都是事先经过排程好后下发的，事先在系统里已经有每道工序的计划开始和完成时间，生产过程中通过上机和下机刷卡就已经实时采集了客观的实际开始加工时间和实际结束时间，并且可以做计划和实际对比，实际比计划晚的通过颜色等方式提醒。

（3）工人的生产效率对比：因为每道工序上下机除了刷工单卡

之外，还要刷作业人员的工卡，也就是每个工人的实际生产时间和生产数量都能抓到，这样就可以对生产作业人员做准确的计件工资、绩效考核、效率对比等管理。

（4）设备开机嫁动率：因为上下机都刷卡，所以能够实时采集到每台设备什么时候在工作，什么时候在停机，如果停机的时候在读卡器上直接输入停机的原因，机台嫁动率就会实时反映出来。

（5）实际生产成本：因为能抓到每个产品对应的各个设备的实际加工工时，也能抓到工人实际的生产工时，每台设备的耗电量是固定的，工人工时或者计件工资也是固定的，所消耗掉的材料在 ERP 中可以通过工单汇总到用料信息，所以每个产品的实际加工成本就可以准确实时抓出来。

（6）车间质量分析：只要巡检将不良原因及数量输入系统，各种质量分析报表就会实时准确直观地显示出来。

（7）设备保养管理：每个设备的实际加工时间能够实时准确抓到，设备的维护保养周期是固定的，系统就可以自动提醒哪些设备需要保养、维修。

（8）模具保养管理：每个设备对应的模具的实际加工时间能够实时准确抓到，模具的维护保养周期也是固定的，系统就可以自动提醒哪些模具需要保养维修。

节省下来的不仅仅是人力成本，提高的更是效率和效益。

3. 方案三：射频感应采集方案

最常见的射频感应应用其实大家也都见过，开车上高速公路过收费站的时候，有个"ETC"绿色通道，车子经过那个门感应范围内，收费系统就自动感应到并记录信息。"傻瓜化"的理解原理是汽车上装了一个电子卡片，收费站门那里有个读卡感应器，只是功率比

第7章 巧用 APS-MES 实现精益 JIT 生产

较大,不像方案二介绍的刷卡那样需要把卡靠得很近才能感应到。

> 射频识别（Radio Frequency IDentification, RFID）技术,是一种无线通信技术,可通过无线电信号识别特定目标并读写相关数据,无线电的信号是通过调成无线电频率的电磁场,把数据从附着在物品的标签上传送出去,以自动辨识与追踪该物品。某些标签在识别时从识别器发出的电磁场中就可以得到能量,并不需要电池;也有标签本身拥有电源,并可以主动发出无线电波（调成无线电频率的电磁场）。标签包含了电子存储的信息,根据功率不同,识别距离也不同。

应用拓展想象:

(1) 如果超市里的每个商品上都有这样的一个"微型标签卡片",这个卡片里已经存储了该商品的价格信息,超市里是不是就不需要收费员一个一个地去扫条码了呢?购物车经过感应门的时候,系统就自动感应到了,自动计算好总额是多少钱了。如果进超市前,顾客先刷一下自己的身份证,该身份证和网银绑定,是不是连收费员都不需要,直接从网银自动缴费了。目前以上消费方式还处于技术攻关阶段,该技术主要是"RFID 卡处微型标签化",其特点是成本足够低廉以及供应链环节相应的软硬件配套设施到位。有些品牌专卖店实现了 RFID 的前段入库和库存盘点管理。目前国内已经拥有成熟的"RFID 固定资产管理"应用,即每个资产贴上 RFID 感应标签,只需要用专业设备走一圈感应一下,固定资产就可以盘点好。

(2) 企业里如果每个产品(每个产品单元)都贴一个电子标签卡,把企业的每个车间、仓库划分好区域,是不是根本都不用刷卡,直接就知道每个产品在什么地方,有多少,库存信息、生产进度实时感应。电脑屏幕就像一双无线射频眼睛。

4. 方案四：跟数控设备直接对接采集方案

数控设备本身就带程序，甚至直接带计数功能，如果系统能够跟设备上的程序对接，就可以直接抓取数控设备上的生产数据、开始时间、结束时间，以及其他需要记录的设备运行参数等信息。

跟数控设备对接，那么设备也就要联网，跟电脑、服务器一样，连在一个局域网内。既然联网了，不仅仅可以从设备上读取数据，也可以反过来利用软件对设备进行管理。例如，直接在后台通过软件控制来替换设备上的数控程序，避免设备停机调试的时间。具体可以做以下几个方面的管控。

（1）数控机床工作状态的在线监控：通过数控机床的联网，可以监控每一台数控机床的工作状态及工作时间，并能显示每台数控机床的状态、程序清单及机床参数等信息。按时间段统计设备开机率、利用率、开机时间、关机时间、加工时间、待机时间等。

（2）数控机床的统计信息管理：可对每台数控机床的工作时间作每日、每周、每月的统计汇总，用直方图、饼图、排列图、控制图等方式直观显示数控设备的工作情况。可提供数控设备号、时间、零件类型、班组、产值、任务完成率、质量状态等多种查询方式进行统计，查出的数据可以直接打印，也可导入 Excel 中进行编辑。

（3）数控程序管理：对数控加工程序文件进行编号管理。技术人员在各自办公室计算机上即可实现对程序的编制、编辑功能，并可实现多人操作。实行规范化的技术文件流程管理，如修改完成以后必须经过审核和批准，才可以向数控机床传输或打印，同时生成数据文件存入本系统的数据库，留有记录。要对版本信息进行管理，所有技术文件均要实现备份。系统内可以实现多人同时操作。

（4）数控程序传输：将数控程序传输给指定的数控机床。对高性能数控机床，在不停机的状态下，可实现对其他后续程序的传输、

第 7 章　巧用 APS-MES 实现精益 JIT 生产

编辑功能，进行网络化数控加工。

5. 方案五：普通设备通过传感器跟系统对接采集方案

普通设备没有数控程序控制是否也可以对接呢？可以的，通过各种传感器来感应判断加工信息，如通过感应压力、光照、电流的变化等。比如，冲压机，每冲压一个产品，其压力肯定不同；再如注塑机，熔化的塑料粒子通过管道流向模具内，每生产一个产品肯定要流一次，那么可以通过感应液体流量来判断数量。实际上未必是这样做，这里举例只是激发读者的发散性思维能力，寻找规律。当今科技，用在日常管理上基本达到了无所不及的程度。

> 数据采集方案很多，每种方案都有其各自的优点和缺点，具体根据各个企业的特性兼顾经济性制定合适的方案。

7.3　MES 生产排程——让民企也精益 JIT

车间数据实现了实时采集，在此基础上就可以进一步完善自动排程所需要的基本信息，进行下一步的自动化排产了。

首先来看一下生产排程的核心。如图 7-6 所示，用沏茶模型来概括企业复杂的生产问题。

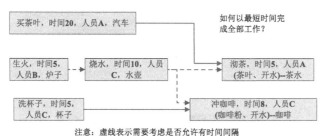

图 7-6　引用董军博士关于 PRM 理论 1

1. 沏茶模型解说

客人 A 进茶场，问点壶茶和咖啡要多久。沏茶的师傅就把沏茶分解为几个过程，买茶叶、生火、烧水、洗杯子、沏茶；冲咖啡也是这个过程，就是最后一道工序不同。其中每道工序都有固定的工时，每道工序都占用相应的资源，如买茶叶需要人员 A 和汽车，烧水工序需要人员 C 和水壶等，这些工序之间有一定的逻辑顺序，如必须要先生火才能再烧水，再沏茶；有的工序是可以并行的，如买茶叶、生火、洗杯子，这三道工序之间没有先后关系。

那么现在的问题就是如何安排才能以最短的时间完成全部工作？请看下面两个结果：

如图 7-7 所示，计算的原则是要满足所有约束条件，计算出接近最短时间内完成所有工作的方法。计算结果标明了每道工序的最早开始时间、最迟结束时间、工作时间、所需要的资源、工序需要的物料、产出的成品；标明了工序的自由时间，如图中的洗杯子，可以从时刻 0 ～ 15 之间任意时点开始工作都不影响整体结果；图中的深色进度条为关键路径。

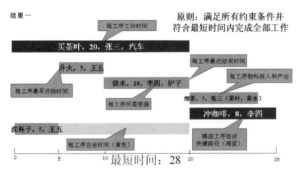

图 7-7　引用董军博士关于 PRM 理论 2

再来看看第二种排法（见图 7-8），这个排法没有任何错误，因

第7章 巧用 APS-MES 实现精益 JIT 生产

此是一个"可行"排法,但是它不好!第一,工作总时间过长;第二,资源(王五和张三)利用率不高;第三,中间品库存量过大,茶叶买得太早,占用流动资金。但是,此类"可行"但"不好"的计划方式是绝大多数企业生产计划的现状,因为没有任何方法能判断一个计划是不是最优。

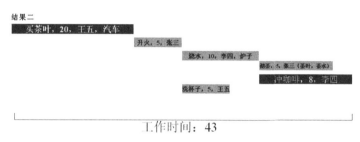

图 7-8 引用董军博士关于 PRM 理论 3

其实排产就是在众多无数排列组合方案中找到最优的,庞大的工作量对高速计算的电脑而言,就是几秒钟的时间。其实计算机寻找最优方案在日常生活中大家经常可以见到,如导航系统、棋盘游戏等。

2. 沏茶模型到企业生产应用

每个产品都是经过多道工序生产出来的,每道工序都有额定的标准工时,工序与工序之间有先后并行的逻辑关系,每道工序要占用相关的人力、设备资源,某几道工序需要投入原料。企业内部的某段时间内的人力、设备的产能是固定的。针对很多客户订单,每个订单有各自的交期要求,订单之间有不同的优先等级,把这些信息都告诉系统后,接下来就交给 APS 去排优化算法了,可以选择从订单交期开始倒排,也可以从当前日期开始顺排,排完结果不满意的话还可以重新调整资源、优先等级等基础信息,然后重新排,直到排到满足交期的结果为止,如图 7-9 所示。

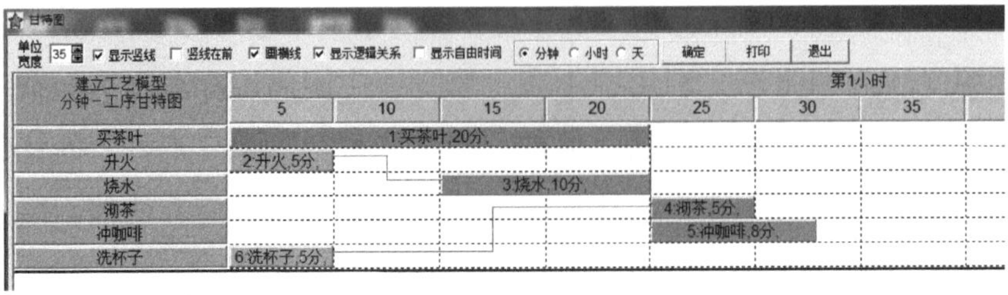

图 7-9 某某 APS 系统排程结果甘特图

3. MES 生产排程带来的管理变革

（1）订单交期预测：因为计算机排程速度很快，新的订单只需要单击一个按钮，模拟排一次，就能告诉客户最早什么时候能够交货。在当今快速反应的时代，极大地提高了客户满意度，赢得了商机。

（2）提高产能、资源利用率最大化：通过科学排程，资源浪费时间减少了，自然提高了其利用率，产能也就高了。

（3）降低库存积压：因为系统已经排出每道工序物料的准确需求时间，什么时候需要多少物料也有明确的计划，只需要求供应商按照物料的需求计划准时送货即可，做到接近零库存目标。

（4）提高集团企业各个工厂之间的协同供货：针对集团型企业，尤其各个子工厂之间又形成一个供应链关系的，准确的物料需求计划能够起到企业前后生产单位之间高效连接的作用。

（5）质量控制：因为有了准确的作业计划，就可以准备好品质控制计划，做好过程中的控制，而非事后再亡羊补牢。

（6）设备保养维修：因为有了准确的作业计划，就可以提前安排好设备的保养维修计划。

> 精益生产（Lean Production）又称精良生产，其中"精"表示精良、精确、精美；"益"表示利益、效益等。精益生产就是及

第7章 巧用APS-MES实现精益JIT生产

时制造，消灭故障，消除一切浪费，向零缺陷、零库存进军。它是美国麻省理工学院在一项名为"国际汽车计划"的研究项目中被提出来的。在做了大量的调查和对比后，日本丰田汽车公司的生产方式被认为是最适用于现代制造企业的一种生产组织管理方式，称之为精益生产，以针对美国大量生产方式过于臃肿的弊病。精益生产综合了大量生产与单件生产方式的优点，力求在大量生产中实现多品种和高质量产品的低成本生产。

精益生产核心：追求零库存；追求快速反应，即快速应对市场的变化。

JIT（Just In Time）生产方式是丰田汽车公司在逐步扩大其生产规模、确立规模生产体制的过程中诞生和发展起来的。以丰田汽车公司的大野耐一等人为代表的JIT生产方式的创造者一开始就意识到需要采取一种更能灵活适应市场需求、尽快提高竞争力的生产方式。

JIT生产方式是一种在多品种小批量混合生产条件下，高质量、低消耗地进行生产的方式。

Just In Time即"只在需要时，按需要的量，生产所需的产品"，核心是追求一种零库存、零浪费、零不良、零故障、零灾害、零停滞的较为完美的生产系统。

以上精益生产、JIT概念在书本、网上都能随处查到，也有不少管理咨询公司开这样的培训班。以前问过一些参加过培训的中小民企老板关于精益和JIT的看法，多数的反应是做汽车的大公司才有实力搞的，思想是好的，实现难，尤其对中小民企不太现实。作者本人对精益生产和JIT理论也没有过多的研究，但是作者相信企业只要能够把 APS-MES 这个工具使用起来，虽不敢说实现了精益和 JIT，但是至少实现了其核心：追求零库存。

7.4 MES 和 ERP 对接及实施方案

MES 和 ERP 为何要对接？

ERP 优势：

（1）成熟完善的购销存、MRP 用料分解、按工单管控物料收发、成本核算、财务总账集成。

（2）目前常见的 ERP 系统早已从一代固化式的系统升级为二代灵活的平台，目前不少品牌系统已经推出了第三代更加灵活配置型的系统平台，使得客户的个性化开发几乎不用修改源代码就可以实现。

ERP 缺点：缺乏实用的 APS 功能。

APS 优势：专业的排程，全自动排产考虑的逻辑更加周全、物料细化到线性控制。

APS 缺点：

（1）没有融入高效的数据采集技术。

（2）开发技术目前还基本处在第一代级别，灵活性比较差，个性化开发主要通过修改源代码实现。

MES 优势：专业的车间数据采集，也具有达到实用级别的简单排程功能。

MES 缺点：

（1）排程没有达到 APS 专业细化。

（2）系统平台的开发技术目前还基本处在第一代级别，灵活性

第7章 巧用APS-MES实现精益JIT生产

比较差，个性化开发主要通过修改源代码实现。

1. 对接方案一：ERP（购销存级别基本模块）+ MES

该方案ERP只用于销售、采购、仓库、应收应付、财务、成本模块；生产管理部分完全在MES里作业。

针对BOM性质不是太明朗的企业，可以采用该方案。如像做模具配件的、模具钢切割的，这些企业订单量都很小，而且翻单现象比较少，材料多数都是一次性采购，不能重复利用，既使材料可以共用，但是用料不规则，没法计量，BOM建起来比较困难，这样类型的企业以BOM为基础用MRP算料就降低效率了，需要定制开发走非常规路线。BOM不明朗的企业，生管物料管控也就做不到严格按照BOM限额领料，所以常规ERP中的工单也发挥不了价值。这样类型的企业只需要在MES里下达工单，然后简单针对设备做排程，得出详细的每道工序的作业计划，车间工序生产过程中只需要逐道采集生产数据即可。如图7-10所示。

2. 对接方案二：ERP（购销存+MRP+工单）+ MES

该方案是MRP和MES中的排程功能一起并行使用。

（1）利用ERP中工单限额管控物料的优势做物料的领用及入库。

（2）按工单核算材料成本的优势归集材料成本。

（3）这种企业往往BOM层次多，可以利用MRP自动分解成各个车间的工单，不用手工一个一个地去下达。

（4）材料请购采用MRP的计算结果，不需要做到严格的线性控制，所以不用按照排程好的作业计划来统计用料计划。

（5）订单在MES中再做一次排程。

（6）按照MES中的排程结果下达详细的作业计划。

(7) 按照该作业计划在车间里一道一道工序做数据采集。

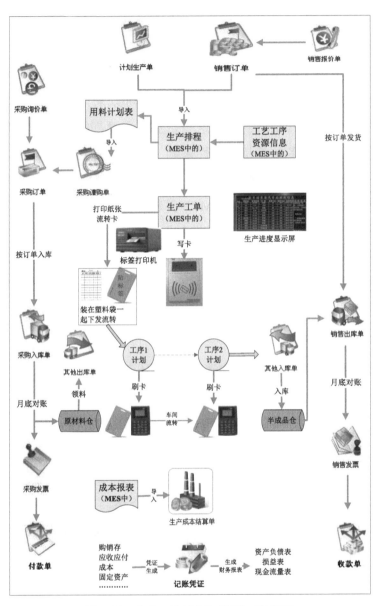

图 7-10　方案一购销存和 MES 对接框架

该方案适合具备以下特点的企业。

（1）需要用 ERP 中按 BOM（工单）限额管控物料的耗用。

（2）需要借助 MRP 自动将多层 BOM 分解为各个车间的工单。

（3）需要 MES 中的排产和车间工序管控，但是对排产要求又不是太高。

（4）公司规模适中，软件成本投入适中。

3. 对接方案三：ERP（购销存 +MRP+ 工单）+ APS+MES

该方案只是在方案二的基础上对排程部分进一步细化，适合对 APS 要求高的大企业，有必要投入些成本做三者的集成开发，该方案也在不少企业有成功的应用，如图 7-11 所示。

MES 实施方案

通过 ERP 和 MES 的对接框架应该看出实施的先后顺序。

如图 7-12 所示，有箭头的表示实施的先后顺序，没有箭头的表示可以同步进行。站在物流角度，先推行 ERP 中的购销存，然后推行 MES 数据采集部分，最后完善工艺信息运行 APS 排产。因为 MES 中的工单需要从 ERP 的销售模块中导入过来，如果购销存不先运行，那么 MES 中的订单就需要由生产管理人员自己手工录入了。因为生产排程是在封闭车间里动态循环插排的，所以必须先等 MES 数据采集运转起来后，再推行自动排产。在推行自动排产前必须先完善工艺工时相关的基本信息。

其中 MES 数据采集运行起来相对快，因为不需要期初数据，只需要在运行前先把车间网络硬件布置安装好，软件部分针对企业需求预先做好适当调整，正式运行只需要从某一天开始进行即可。

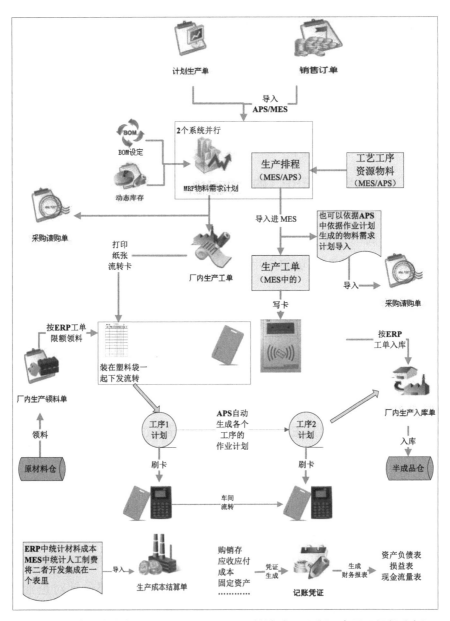

图 7-11 方案二和方案三：ERP+APS+MES 对接框架（因版面布局只保留重点）

第 7 章　巧用 APS-MES 实现精益 JIT 生产

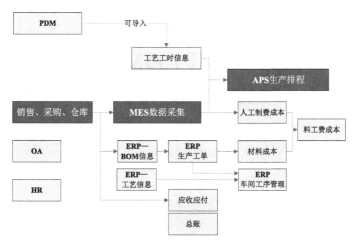

图 7-12　企业 ERP 项目实施先后顺序

第8章 巧用 PDM 提升研发设计管理效率

◎ 当前制造业企业面临的新挑战

◎ PDM 功能讲解

◎ PDM 与其他系统集成及安全性

本章提示：

PDM（Product Data Management）——产品数据管理，是专门针对产品开发过程提出的解决方案，是对企业结构数据进行管理的系统。PDM 是以软件为基础，管理与产品相关的信息（包括设计信息、工艺信息、维修资料等描述产品的各种信息）和所有与产品开发相关的过程（包括审批/发放过程、工程更改过程、一般工作流程等）的使能技术。

通俗理解：提供了对产品数据及开发过程管理的核心模块——文档管理、零部件管理、产品结构、工作流程、安全管理、设计变更、项目管理、系统集成。在这几大核心模块的支撑下，建立起对产品数据的组织、查询、共享、变更进行管理的体系，以及开发人员协同工作的平台。

PDM 可以与各种 CAD 软件集成、ERP 集成等，能很好地促进企业提高其产品质量、缩短研制周期、提高工作效率、加快产品投放市场速度，从而提高产品的竞争能力。

第 8 章　巧用 PDM 提升研发设计管理效率

8.1　当前制造业企业面临的新挑战

产品创新能力、研发管理能力是企业核心竞争力的重要环节。然而，传统管理企业的管理者经常碰到如下的烦恼。

（1）有时设计过程中急需一张图纸，结果找了一天也找不到。

（2）当零部件设计发生更改时，容易出现版本出错的问题，有时出现纸质图纸和电子图纸不一致的情况。

（3）大量的图纸、文件缺乏有效安全保管措施，很容易因为人员流动而产生危机。

（4）业务流程不规范，费时耗力，如何规范和提高效率？

（5）如何更好地加强产品组件化、模块化设计，提高产品设计重用，减少零部件种类？

（6）产品如何快速配置，团队如何协调业务关系，项目进度如何管控？

企业研发管控的常见问题如图 8-1 所示。

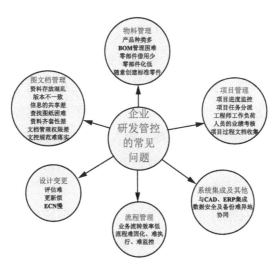

图 8-1　企业研发管控的常见问题

正是客户的需求催生了 PDM 系统，PDM 系统是一个产品研发协同管理平台，主要应用于机械装备、电子电器、汽车及汽车零配件等制造业的技术研发部门，为产品研发的项目管理、图文档管理、工作流管理、产品配置、权限管理、工作协同及 ERP 等应用系统的集成提供有效的信息化解决方案，帮助企业搭建产品数据管理及研发协同平台，缩短产品开发周期，提升企业产品研发竞争力。

8.2 PDM 功能讲解

一、文档（包括图纸）管理

文档是传达产品设计意图的载体和进行生产制造的依据。传统的图纸管理方式已明显不能适应现代产品开发方式的需要。电子文档管理作为 PDM 系统的核心功能之一，实现了传统的资料管理所无法比拟的功能：高效查询、共享、参照设计、浏览批注、版本控制等。它解决了企业中复杂的电子图纸、文件、技术资料、相关标准、更改记录等产品数据的归档、查询、共用、换版等控制问题。确保这些数据的正确性、安全性、共享性，使企业不同身份的人员（如设计人员、工艺人员、生产人员等）在系统安全机制的控制下，通过图文档管理提供的创建、入库、检入、检出、浏览等一系列操作，安全地维护企业产品数据及获取最新、最准确的数据，从而最大限度地发挥信息技术的效益。

用户只要在权限许可的条件下，可以在系统中直接打开、编辑文档并将修改结果保存在系统中，实现了从设计的开始就在系统内进行的目标。系统与主流的 CAD 产品进行了紧密的集成，直接从

第8章 巧用PDM提升研发设计管理效率

CAD文件中提取图纸、零部件的相关信息，避免不必要的重复录入，减少错误。对于三维CAD数据，可以自动维护装配件中的各零部件文件之间装配及借用的关系，自动控制这些文档的操作权限，建立多人协同工作的环境。

二、零部件管理

产品是由零部件构成的，实现以零部件为核心的产品数据管理，改变了传统企业开发过程中以图纸为核心的管理模式。以零部件为核心就可以将与该零部件相关的所有文档（产品图、零部件图、工艺图、工艺文件、其他相关文档等）组织起来，实现数据集成。解决了企业中一图多件或一件多图的问题，理清了零部件、图纸、工艺文件之间的版本关系，并为与ERP系统的数据交换奠定了基础。

对企业的所有零部件进行分类管理，是做好标准化工作的前提条件。系统还提供了对标准件和通用件（企标件）自定义属性的功能，设计人员可以在不知道编码、名称的情况下，根据设计功能的要求，就可以查到零部件库的相关功能零件，为提高产品的标准化程度、降低产品成本提供了工具。

三、产品结构

产品结构是以树状结构来描述产品中零部件的组成关系，由于所有与零部件相关的文档都可以同该零部件建立关联，整个产品的全部信息都可以集成地表现在产品结构树上。产品结构树，可以在开发过程中逐步建立，也可以从CAD文件中直接提取。

一般来说，产品结构树从产品设计的角度来表达产品零部件的组成关系，工艺人员可以在此基础上添加工艺信息，将一个面向设计的产品结构树转化为面向制造的结构树。通过产品结构树的不同形态（视图），可以得到企业不同职能部门需要的设计 BOM、装配 BOM、采购 BOM 等。

通过引入"设计虚件"的概念和产品配置，可以快速地从原型产品演化出系列化的变形产品，大大提高开发效率和质量。

在产品结构树中，系统能自动维护产品之间零部件的借用关系，控制零部件在项目团队中多人同时并行操作的权限，保证产品结构树的安全、准确。能随时查询某零部件被用在哪些产品中，为零部件的选用和变更提供依据，如图 8-2 和图 8-3 所示。

图 8-2　某某 PDM 系统

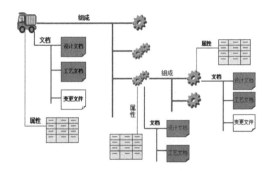

图 8-3　产品设计数据的关联管理

第 8 章　巧用 PDM 提升研发设计管理效率

四、发布流程及设计变更

在没有系统对产品数据进行管理之前，无法对电子数据进行审批，电子数据的准确性没有一种可考究的方法和手段。因此，直接利用以前的电子数据是有风险的。PDM 系统可以让用户根据需要定义各种数据的审批流程，在适当的时候启动流程，数据就会按照预定的顺序在审批人员之间流动，并记录下每个人对被审批数据的意见，最后自动归档，审批记录一直保留到审批数据被删除为止，如图 8-4 所示。

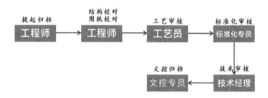

图 8-4　产品数据归档流程

设计变更每天都在企业中发生，因设计变更管理不善而对企业造成经济损失的案例举不胜举。PDM 提供的设计变更管理，可以在设计更改之前准确评估该设计变更会涉及哪些产品；在做出进行设计变更的决定之后，可以将设计变更的内容及时地发给每个应该了解该内容的人，并确保其收到这些文件。

设计变更的结果使产品数据产生了新的版本，最新版本的数据将反映在每个需要该数据的地方，如图 8-5 所示。

PDM 中的审批流程和 OA、ERP 中的审批流程工具是一个道理，只是对不同的领域单据设定不同的审批流程而已。

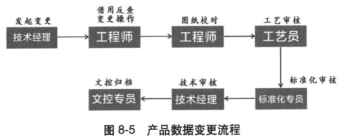

图 8-5 产品数据变更流程

五、项目管理

对于研发部门,管理者十分关心对开发过程的控制,确保在预期的时间里完成开发任务。PDM 的项目管理就是加入时间的因素,实现数据、人、时间的有机管理和控制。

进行过程控制的第一步是对项目进行时间上的规划、人员上的安排。PDM 可以把一个复杂的项目分解为相对简单的任务,较复杂的任务还可以进一步分解为子任务,从而形成一个项目树,再规划每个任务计划开始的时间和工期,并安排合适的人员来执行该任务。系统提供通过甘特图以图形的方式全面、直观地了解项目时间计划;在安排执行人之前,可实时地查看每个用户正在进行及将要进行的工作内容和时间安排,并可以通过"人力资源平衡表"评估该计划在人力资源方面的可执行性。

在项目的进行过程中,每个项目团队的成员都可以在其各自的任务列表中看到与自己相关的任务,并在该列表中直接完成工作,如建立新的文档零部件和产品、导入已完成的文档等。这些工作内容都被组织在任务输出中,系统能够根据每项任务的输出情况自动

第8章 巧用PDM提升研发设计管理效率

地、动态地、真实地通过甘特图反映项目进度。对于没有按时启动任务和完成任务的，系统会给予警示。任务输出可以集中地组织在项目输出文件夹中，项目团队的成员及与项目有关的人员可以通过该文件夹实时地查看整个项目的输出数据，为协同工作创造条件。

管理人员可以通过项目管理得到每个人员工作状况的统计，实现对项目成员客观的、量化的评价，为人力资源管理提供依据，留住优秀的人才，如图8-6所示。

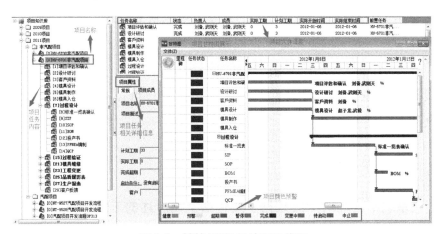

图8-6 某某PDM系统项目管理

8.3 PDM与其他系统集成及安全性

一、系统集成

PDM作为产品开发的协同工作平台，管理着有关产品的全部数据，这些数据是由各专业组用不同的应用软件编制的，并集中组织在产品结构树上，数据得到了集成。

为了使用户在 PDM 环境下直接建立、编辑修改数据，PDM 集成了常用的设计软件，如 AutoCAD、Solidworks、ProE 等。CAPP 产生的工艺数据可以通过 CAPP 提供的控件，在 PDM 系统中查看各种工艺文档，还可以通过接口，在 PDM 环境中激活 CAPP，进行工艺设计。

PDM 提供数据接口，使 CAPP、ERP 可以轻松得到设计数据，如 ERP 中的产品资料和 BOM 表可以自动从 ERP 中实时对接。PDM 对常用的 CAD 进行接口程序的开发，可以从 CAD 文件中直接获得设计信息，如明细表、零部件属性等。

PDM 与邮件系统对接，系统在特定的情况下，如流程被退回、设计变更等，自动发邮件给相关人员，用户可以有选择性地加以利用。

二、安全机制

系统所管理的产品数据主要包括上面所述的三大类：文档、零部件、产品。为了实现数据共享，所有的产品数据都集中存放在服务器中，数据安全就显得十分重要。系统通过权限管理，设置每个数据对象可以由谁来访问，以及每个人的访问权限（包括浏览、只读、修改、完全控制）。系统日志中记录了每个用户对系统的操作情况，为系统管理人员提供了完备的监视工具。系统还提供了基于数据库、文档库备份和恢复的工具，能保证系统数据本身的安全。

第 9 章 巧用 HRM 做好人力资源后勤保障管控

◎ HR 信息化革新思路
◎ 从组织结构入手
◎ 选人环节
◎ 育人环节
◎ 用人环节
◎ 留人环节
◎ 落幕

本章提示：

人力资源管理（Human Resource Management，HRM），是企业对人力资源的激励、运用、发展的全部管理过程。HRM 视员工为企业资产，为员工发展提供各种人力资源规划与招募考选、薪资福利、教育训练、职业发展等服务功能。本章通过一个新上任的 HR 经理故事讲述如何借用 HR 系统平台来演绎"三把火"剧情。（本章采用某个中级二代 HR 平台截图配合讲解）

9.1 HR 信息化革新思路

Mary 有多年工作经验，也受过专业 HR 培训，目前任国内一家企业人力资源部经理。Mary 的管理理论顺应时代潮流，对 HR 信息化管理更是头头是道。

首先 Mary 认识到，传统人事管理已经过时，满足不了企业的需要，需要转换管理思路，如图 9-1 所示。

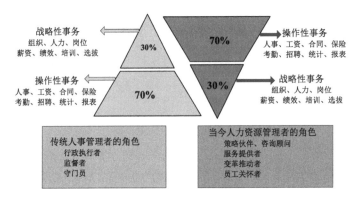

图 9-1 人力资源管理思路转换

另外，Mary 知道 HRM 信息化建设必须分为两个阶段。

第一阶段：解决基础事务工作。HRM 信息化建设第一阶段将 HR 工作者从日常事务，包括员工入职离职、员工职务异动、相关人事数据的统计与分析、劳动合同及保险缴交的管理工作、考勤或薪资的核算等烦琐工作中解放出来，工作核心是靠专业的软件支持。

第二阶段：实现人力资源开发工作。提升企业的岗位规划管理、招聘管理、培训管理、绩效管理工作，即规划员工的职业发展方向和促进企业人力资源的开发与充分应用。让传统的"人力部"真正成为"人力资源部"，工作核心是通过创造性思考完成。

由于上任不久，Mary 一直在考虑企业当前和未来的经营目标，为明确人力资源管理如何才能为企业目标的实现做出贡献。不到三个月的总结和观察，Mary 发觉企业面临不少问题，她希望能从以下几个方面进行改善。

第 9 章 巧用 HRM 做好人力资源后勤保障管控

- ◆ 加快人才引进，提升招聘效率。
- ◆ 解析新劳动合同法以规章执行。
- ◆ 贯彻以人为本，提供员工保障。
- ◆ 依据岗位需求提升员工素质。
- ◆ 简化制造业复杂的计时计件薪资核算。
- ◆ 利用"制度的力量"执行规范化考勤。
- ◆ 凭借绩效管理，打造企业"精英"团队。
- ◆ 快速核算薪资，轻松分析薪资结构。

归纳起来就是：选才、育才、用才、留才。

人力资源部其他员工：

小陈 性格开朗，主要负责招聘工作。

小许 风趣幽默，主要负责培训工作及员工活动的组织。

小林 办事认真，主要负责人事档案、劳动合同及员工保险办理工作。

小王 成熟稳重，主要负责企业日常考勤、员工绩效考核。

小李 文静细心，主要负责薪资核算，包括计时计件工资。

9.2 从组织结构入手

虽然企业早已做好了组织机构的搭建工作，但对于这次 HR 的革新，Mary 还是决定从此入手。

组织结构是企业支撑所有一切人力资源管理的基础框架。HR 系统平台实现企业的组织结构体系的建立、管理与完善。对企业组织结构进行管理，直观显示企业组织结构分析图，以便为企业组织结构的计划与管理提供有效依据，如图 9-2 所示。

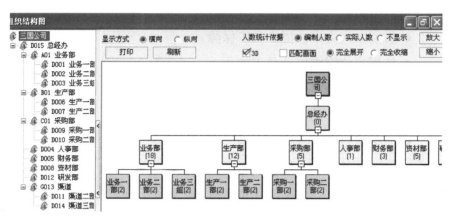

图 9-2　某 HR 系统平台组织结构

于是 Mary 立马把自己规划好的组织架构建立在系统中，并且为每个部门编制了合理的人数，从而得到了领导的认可和赞赏。如图 9-2 所示，以树状模式呈现部门机构层级管理，清晰明了，组织结构在系统里可便捷调整，自动生成最新组织结构图，合理调配部门职能分布，对部门编制进行分析，发挥部门最大效能。

为了尽快开展接下来的工作，Mary 立马安排小林将现有的所有员工档案通过 Excel 稍加调整导入系统，并为五位手下分配了权限，也为相关其他部门人员分配了相关权限。

9.3　选人环节

选才环节主要包括：人力分析、人才招聘、面试等过程管控，如图 9-3 所示。

第9章 巧用 HRM 做好人力资源后勤保障管控

图 9-3 选人环节流程

> 谈及招聘的整个过程,小陈凭借多年的招聘工作经验,总结出以下五个方面需要完善:各部门人力分析、招聘计划、人才库管理、面试管理、入职管理。于是小陈开始从这五个方面的工作陆续落实到 HR 平台中。

1. 人力分析

为了尽快得到人力分析数据,小陈也催促小林赶紧把人事档案导入系统。因为人事档案设计内容比较多,于是小陈给小林出了个妙计,先将基本人员编号、姓名、部门、岗位等基本信息导入,以后再陆续整理合同、保险、培训等信息。

导入 HR 系统后,小陈立马从 HR 系统拉出各种报表支持人力分析:历史岗位人力分析报表、岗位离职率分析报表、岗位人力成本分析报表、预算与实际人力的差异表。企业决策者通过分析报表也容易掌握公司人力分布是否合理,如图 9-4 所示。

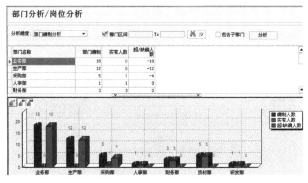

图 9-4 某 HR 系统平台人力分析

2. 招聘计划

以前各部门招聘需求很乱，不统一，有的发邮件，有的人耍老资格口头说一下，也有新来的同事写用人申请。小陈为了管理上的统一，群发邮件给大家，以后各部门需要招人，必须在HR系统中按要求填写"招聘计划单"，走对应的审批管控流程（副总—总经理—人事经理），否则HR部门拒绝服务。有的部门不以为然，结果小陈就是抵住不理，因为没有规矩不成方圆。虽然此事因为没有及时招聘影响了工作，而且引发了争吵，最后在老板的处理下，还是支持了小陈，批评了相关部门，并且在系统中发布公告，引以为戒。

3. 人才库管理

以前小陈招聘寻找人才时，无法快速搜寻到历史面试过程或人才信息；人才的搜索工作一直在重复作业，效率低下；一旦企业急用人时，必须在最短的时间内，在海量的应聘者中挑选出合适的人选。为了解决上述问题，小陈准备启用HR中的人才库管理功能。

通过"人才库"管理功能，建立人才分类，将在各大知名人才网站上下载的人才简历快速导入系统。通过各种条件的模糊查找快速对一些重要人才做标记分类，以便在第一时间锁定企业当前及未来发展所需的相关人才信息，如图9-5所示。

图9-5 某HR系统平台人才库管理

第9章 巧用HRM做好人力资源后勤保障管控

4. 面试管理

小陈在感受了系统的初步魅力后,想把面试管理过程也纳入系统。首先通过系统的"人才甄别管理"功能,凡是经电话预约面试了的面试者,系统将切换为已预约状态,然后利用群发短信、群发邮件功能快速将面试通知又以公文形式正式快捷地下达一遍。想到以前还要辛辛苦苦地逐条发短信,现在心里真是乐滋滋的。

针对面试的过程,小陈也记得以前吃过亏。以前招聘过某个人,面试都通过了,最后老板却发现该员工能力不行,责问是谁面试的,责怪小陈把关不严。小陈感到有点冤枉,心想都是各个用人部门自己面试的,我只是按照你们的要求选人而已。于是这次决定将面试过程用系统管控。以公文形式在系统中发公告,经过老板审批后,要求各个部门主管直接将自己的面试结果写在HR系统"面试记录单"里。就像医院医生在电脑上写电子病历记录一样,并且通过各个领导的审批,保存了各个领导的审批意见,如图9-6所示。

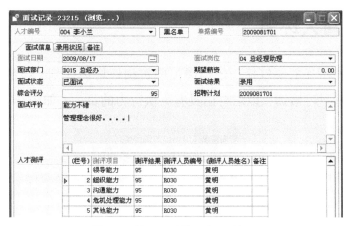

图9-6 某HR系统平台面试记录

面试记录单,为随时了解该人员情况提供有力依据。人才评测记录及人才状态得到管控，通过黑白名单功能，还能快速了解个别人员的应聘背景。

5. 入职管理

通过面试且入职的员工，小陈只要单击一下按钮，根据面试资料就会自动生成"入职申请单"，通过刷员工二代身份证，便将身份证信息快速导入系统；将人才简历自动挂到人员资料上备查，还能自动发给新入职员工"入职第一封信"。而以前尤其在企业招聘高峰期，每日人员信息录入工作量巨大，相关部门及领导无法备查新入职员工的人才简历等信息。

选人流程信息化后，小陈的工作效率得到了大大提高。以前是整天盯着电脑屏幕看抓紧找人，说话的语气也非常焦急，现在也是时常对着电脑，不过不用抓紧找人而是做一些私人事情。其他几个人看到小陈如此轻松，于是也立马着手相应的信息化工作。

9.4 育人环节

育才环节主要包括：依据岗位职责制订培训计划，按照培训计划监管好平时培训，以培育出具有高执行力的员工，如图9-7所示。

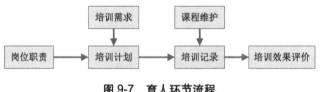

图9-7 育人环节流程

以培训专员小许丰富的培训经验看来，培训工作对于企业的发展来说不容忽视，无论是新员工的培训，还是日常培训，都需

第9章 巧用HRM做好人力资源后勤保障管控

要一套高效的培训资料管理。如果组织中现任人员不能符合要求，提升员工的技术层次、知识水平及适应性就会变得非常紧迫。企业需要提高员工必备的知识、技能及态度，培养其解决问题的能力，培育出具有高执行力的员工。

小许知道目前培训问题所在，虽然有岗位职责，有培训计划，但是因缺乏信息化支撑，员工又很多，每个人培训到什么程度，早已经乱得记不清了。于是立马着手培训平台的搭建，先从岗位职责和培训计划着手。

1. 岗位职责

为了提高效率和准确性，小许请示老板后，让各部门经理一起开个会，要求各部门经理将各自的相关岗位职责录入系统，并利用这次整顿机会，将原先定的职责重新梳理了一下。小许只要教他们如何录入即可，会议结束后，小许利用OA平台将会议任务发给相关部门，在OA的监督下，各岗位职责很快就完成了。定义好各个岗位的职责内容，也是岗位招聘及培训的依据。

2. 员工培训计划

针对每个岗位安排好一个培训计划，包括初期的入职以及中后期的提升培训等。小许立马将一些共性入职培训计划建到系统中，针对各个岗位的细节培训小许有些搞不准，于是又想到了上次会议的"神效"，很快各个岗位详细的培训计划在系统里也有了。"取之于民，用之于民"，小许把培训计划在OA平台里也针对部分员工做了调研，听取员工的合理意见，以便调整培训计划。

3. 课程维护

针对各个岗位培训所需要的课程、课件进行管理维护，以便公司统一安排培训、员工自行学习或者部门内部培训。入职的培训课件以及企业文化激励类的培训课件都由小许加班加点地完成了,至于各个部门的详细培训课件,小许又想到了"草船借箭"的方法。

4. 培训记录

有了 HR 系统,员工的每次培训小许都认真积极地进行记录,建立企业培训课程文档,对培训结果、培训成绩进行记录,而且使培训结果直接与薪资自动挂钩。员工也可以随时登录系统学习技术操作文件、产品品质文件、产品图片、操作视频文件、语音文件等,这些自行学习系统也会自动留下学习记录,如图 9-8 所示。

图 9-8 某 HR 系统培训记录单

9.5 用人环节

用才环节主要包括:人事基本档案管理、日常人事异动管理、日常奖惩记录管理、合同管理、考勤管理、薪资核算等工作,通过绩效考核激励人才的发挥,如图 9-9 所示。

第9章 巧用HRM做好人力资源后勤保障管控

图9-9 用人环节

用人机制的核心是因才适用,用最合适的人做最合适的事,发挥员工的才智专长是人力资源管理的重要组成部分。通过学习、培训、经验积累等开发手段,通过用人机制转化为现实的人力资源,进而为企业的生产经营服务,否则就会造成潜在资源的浪费。

> 小林本科刚毕业不到两年,他的认真劲大家有目共睹。企业人员一有变动,档案、合同的办理就得忙翻天,对此,小林深有难处。看着小陈和小许的工作效率大大提高,自己也不甘落后。

1. 人事档案管理

小林在第一阶段就把所有人员的基本信息导入系统,只是一些家庭成员、薪资方案、合同、保险、培训阅历等信息没有整理进去。于是只要在两个月内慢慢把合同整理完,至于培训阅历和薪资方案交给小许和小李负责就行了,如图9-10所示。

2. 人事异动管理

因为人事档案都已经输入系统,再有人事异动的全部通过"人事异动单"记录,并且在系统里走对应的审批流程,如对人事部门、岗位、职务等变动调整。"人事异动单"自动将变动结果回写到人事档案上。

3. 奖惩记录管理

有奖惩事务的,通过系统里"奖惩记录单"对人事进行"奖励""处罚"记录,并在 HR 系统中走对应的电子审批流程,该记录跟薪资核算以及人事档案挂钩,并且在公告中通知大家。

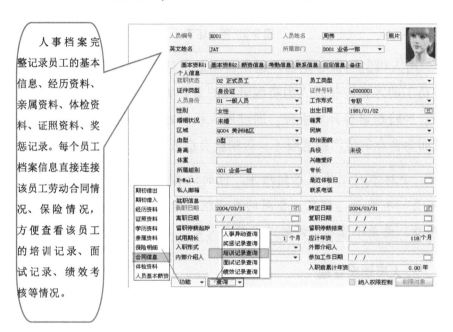

人事档案完整记录员工的基本信息、经历资料、亲属资料、体检资料、证照资料、奖惩记录。每个员工档案信息直接连接该员工劳动合同情况、保险情况,方便查看该员工的培训记录、面试记录、绩效考核等情况。

图 9-10 某人事档案管理

4. 合同管理

2008 年《劳动合同法》的实施对现行企业用工成本、用工模式等带来全方位的影响:一方面加大了企业的用人风险,另一方面新劳动法对企业精细化管理提出了更高要求。

小林一方面规范劳动合同模板,另一方面通过合同台账实时查询人员签约、续约等状况,包括合同期长及起始终止日期。利用 HR 系统自动提醒功能对合同到期的员工采取续签、变更、解除或者终止处理,如图 9-11 所示。

第9章 巧用HRM做好人力资源后勤保障管控

图9-11 合同台账查询界面

> 小王一人负责考勤工作，每天各部门员工请假、加班单据繁多，计算困难，但小王凭借在企业工作时间最长、业务最熟，目前勉强能够完成。

HR系统对考勤、薪资贡献是最明显的，所以刚上系统的时候，小王和小李是最积极的。刚开始就整天缠着HR顾问不放，抓紧把考勤机统一配置型号，每个员工重新分配了一张卡，将门禁、考勤、就餐集成在一起。在系统中设置好班别、考勤打开有效时间等。小李则在系统中设置了薪资项目、薪资方案，认真地把每个薪资项目公式在顾问的指导下设置完成了。

5. 卡号管理

当企业使用考勤系统时，每个入职员工都有一个门禁卡，在卡号的生成、离职人员卡号处理、卡丢失、卡损坏等问题上做到周全的管理。因为员工较多，卡也是买来的，所以针对卡的丢失损坏补办管理也发布了一个公告。

6. 考勤管理

HR系统考勤模块极大地提高了考勤相关管理工作效率，主要体现在以下几个方面，如图9-12所示。

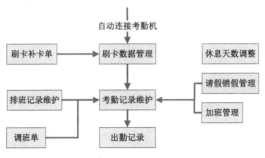

图9-12 考勤数据流程

(1) 考勤数据自动转入：实现考勤机刷卡资料自动转入系统，生成考勤资料，自动刷新人员请假及加班等信息。

(2) 多种班制考勤：自动计算倒班、弹性班、模糊班、自动排班、多休息时段排班等多种排班出勤。

(3) 请假单审核：请假、公休、公出、调休、调班管理，部门经理可实时查询人员年出勤状况、月出勤状况、年已请假状况，如果人员请假天数超过公司规定的可请假天数，系统自动给予提示。

(4) 加班申请流程：加班申请及审批流程管理，各部门主管对加班数据进行审核，月底系统自动对加班申请单及人员实际考勤状况进行对比，产生人员的实际加班记录。

(5) 员工离职管理：用于实现对各类员工离职的申请、审批流程的管理，并提供统计分析功能。

(6) 考勤资料的维护：通过权限设置，仅部门经理或考勤专员可登记调班、加班、休假、出差等信息。

(7) 自动生成统计报表：提供员工考勤日报表，员工排班调班一览表，员工出勤状况明细表。

由于考勤数据实现了自动采集，小王的工作一下子轻松下来了，平时只要处理一些异常信息即可，如漏打卡的补录入、请假、加班

第 9 章　巧用 HRM 做好人力资源后勤保障管控

审批、排班、调班等相关工作。

> 每到月底小李就忙活得没日没夜，企业十多个部门，十多种薪资计算方案，更头疼的是产线上计件工资，平时就工作量大，月底还总出错，核对起来相当麻烦。

HR 系统平台薪资核算模块极大地提高薪资核算效率，主要分为以下几个方面的管控，如图 9-13 所示。

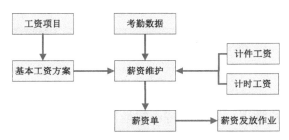

图 9-13　薪资核算数据流程

（1）工资结构方案：根据不同的岗位、工作性质甚至个别人员，自定义不同的薪资项目及薪资方案，做到因职定薪。组成某个岗位对应的薪资方案中的各个项目，有的是基本工资类项目，固定的数值；有的项目是需要通过公式自动计算的。如"加班费"项目依据公式自动计算，计算的依据是考勤模块的数据。设定好薪资方案后，只需要单击"薪资维护"按钮，系统就会自动计算出各个员工的薪资及明细。再如"基本工资"，依据考勤结果，系统可自动核算出月中离职、入职的员工对应工作日的薪资，如图 9-14 所示。

（2）薪资维护：该按钮自动计算出员工的当月薪资，并产生相应的薪资单。

（3）薪资与奖惩挂钩：结合公司的奖惩记录，如评选优秀员工、最佳贡献奖等获得资金奖励时，系统通过奖惩记录与薪资完美结合。

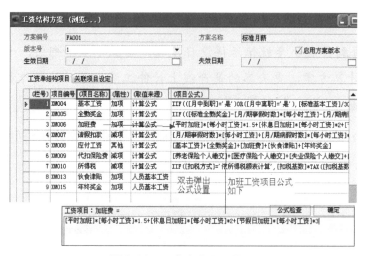

图 9-14 工资方案设置界面

（4）扣税管理：系统支持不同地区定义不同的计税方法，灵活管理上税方式。

（5）薪资发放：系统提供现金、银行多种发放方式。银行发放以银行自动转账数据格式输出，并存储于磁盘，方便向银行报盘。

（6）薪资报表：系统会生成不同格式的薪资明细报表和统计报表、计时计件工资一览表、年度薪资汇总等。提供完善的薪资统计分析功能，为定制薪资制度与调整薪资结构提供依据。

7. 计时计件管理

事先在系统中设定好每个产品每道工序对应的"计时计件"单价，还可以设定良品大于多少效率如何奖励、次品大于多少如何处罚。平时车间文员只要统计每个人针对每道工序所生产出的良品数和不良数、报废数，将该结果录入系统，系统就可以自动统计工资。系统支持个人计件，也支持集体计件，还提供Excel导入功能，大大减轻以往工资统计人员繁重的工作量。计时计件也可以考虑和

第 9 章 巧用 HRM 做好人力资源后勤保障管控

ERP 生产模块或者 MES 平台对接，从生产模块中自动抓取数据，提高统计效率。

通过薪资系统，小李也立马从繁杂的工作中解脱了出来。每天只是偶尔应付一下员工的薪资疑问，将更多的精力投入到薪酬体系研究中。

8. 绩效管理

通过绩效管理细化岗位考核项目，跟薪资挂钩，是奖惩依据、优胜劣汰依据、提高工作效率的保障。

9.6 留人环节

留人环节主要涉及：薪资、福利、绩效、公司综合管理体系等几个方面，如图 9-15 所示。

图 9-15 留人环节

小林自从档案、合同管理、人事变动工作中解脱出来后，也将重心不知不觉放在了员工保险这块。小许也更积极地组织更多的活动，以缓解员工辛苦工作的疲惫，顺便进一步团结员工间的关系。小王从繁杂的考勤统计工作中解脱出来后，顺着公司日益变化的工作氛围，也将绩效管理视为自己的职业重心。

1. 福利管理

在日常繁忙的工作之余，员工的福利、企业对员工的关怀正是企业文化的最佳体现，小许认为员工需要的不仅是高薪，更需要的是企业从员工福利保障出发，从日常生活中给员工以“家”的归属感。

为此除了制度上为员工提供年假、哺乳假、产假、陪产假外，还要利用 HR 系统平台及时做相关提醒，如员工生日、结婚纪念日、入职满千日，甚至员工子女出生等关怀祝贺提醒。

2. 保险管理

保险福利已经成为企业向员工提供的最基本保障，目前对多种福利保险的设定较为烦琐。大型企业内，人员众多，员工福利保险计算复杂，如图 9-16、图 9-17 所示。

图 9-16　保险计算数据逻辑图

保险凭单-23110 (浏览...)

制单日期 2009/08/24　单据号码 2009082401

薪资年月 2009/07

保险明细

(栏号)	人员编号	(人员姓名)	(部门名称)	(项目名称)	申报年月	公司负担金额	个人负担金额	(个人缴交基数)	(公司缴交基数)	备
1	R039	李小兰	总经办	公积金	2009/07	200.00	200.00	2000.00	2000.00	
2	R039	李小兰	总经办	生育保险	2009/07	8.00	0.00	2000.00	2000.00	
3	R039	李小兰	总经办	工伤保险	2009/07	5.00	0.00	2000.00	2000.00	
4	R039	李小兰	总经办	养老保险	2009/07	200.00	100.00	2000.00	2000.00	
5	R039	李小兰	总经办	医疗保险	2009/07	140.00	40.00	2000.00	2000.00	
6	R039	李小兰	总经办	失业保险	2009/07	20.00	20.00	2000.00	2000.00	

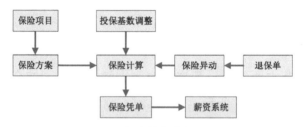

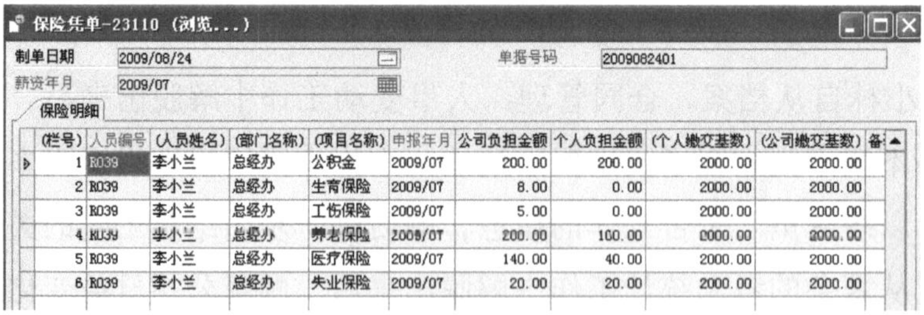

图 9-17　某 HR 系统平台保险凭单

企业在 HR 平台中自定义保险项目、保险方案。在保险方案中设定每个保险项目的投保基数，以及公司和个人分别承担的比率，系统会自动计算出每位员工的各项保险金额。保险模块与薪资模块

第 9 章　巧用 HRM 做好人力资源后勤保障管控

是对接的，投保基数从薪资对应项目中抓取，计算出来的保险金额又写到薪资对应项目中去。这个功能的应用又给小林和小李节省了不少时间。

3. 绩效管理

通过绩效管理，将管控细化考核，员工奖惩分明。通过绩效考核体系给员工营造一个公平、客观、公正、透明的企业运作平台。在该平台上，所有员工可以平等施展自己的才华，遵循多劳多得、优胜劣汰等自然规律，使优秀员工及时地得到领导的青睐。某 HR 系统绩效考核评分界面如图 9-18 所示。

图 9-18　某 HR 系统绩效考核评分界面

在 HR 系统中，针对每个岗位设定考核方案，考核方案由几个考核项目组成，每个考核项目占用不同的权重，权重加起来保证是 100，由主管针对每项打分，系统最后自动计算总分。考核分为周、月、季度、年，考核周期自己选择。依据考核分数分为不同的等级。这样以后可以针对考核结果做历史保存，方便查询。奖惩记录要及时录入系统，同时发布公告并进行相应处理。绩效与薪资系统对接挂钩,让员工感受到对绩效的敬畏。

针对集团型企业的绩效系统比较复杂。小企业主要都是领导对员工的考评打分,大企业还有员工对领导的考评打分,以及领导对领导的平级间打分,所能打分的绩效项目也有权限设置等。

绩效是企业中非常重要的环节,那么每个岗位的绩效如何考核最合理?为此小王参加了"绩效管理"相关的咨询课程,也看了相关的书籍,甚至在有必要时请专业管理咨询公司过来辅导。经过小王一段时间的努力,公司依据自己的情况建立了一套绩效体系。

9.7 落幕

经过短短两个月的人力资源管理系统化上线,企业面貌焕然一新,轻松、高效的HRM工作平台令Mary十分满意,当然,这也归功于五个能干的助手,最终实现企业人力增值。经过这一轮的磨炼,Mary的五个助手的能力也得到了很大提升,都从原来的文员变成了各自领域的小专家了,如表9-1所示。

表9-1 HR系统导入前与导入后的对比

人员	HR系统导入前	HR系统导入后
Mary	一筹莫展,在员工和老板间周旋	在轻松悠闲的工作状态中监管工作、提出更好的工作思路
小陈	找简历、打电话	从招聘专员变成了资深猎头
小许	员工培训、员工活动	跟员工一起谋取并享受福利
小林	人事档案	员工保险的落实
小王	考勤	绩效体系规划
小李	薪资核算	薪酬体系规划

第 10 章 集团型企业信息化特点

◎ 集团型企业管理特点
◎ 集团型企业信息化应用特点
◎ 集团型企业信息化实施方法

本章提示：

在前面章节中，对于 ERP 的讲解，主要是针对单个中小企业的信息化管控应用，针对中小型企业"麻雀虽小，五脏俱全"的特点，系统需要讲究一个经济性，所以把整个 ERP 体系分解为 OA、ERP、PDM、HR、APS、MES 并用不同的系统平台讲解。但是针对同时具备多产业、跨区域、多语言特点的集团型企业，因为量的积累已经达到了新的质变，对信息化系统的要求也突破了质的飞跃，也因为集团型企业财力雄厚，支撑得起更加集成一体化系统的费用，所以本章对第三代高端系统的应用特点也做个讲解。

10.1 集团型企业管理特点

1. 某集团企业简介

某集团企业，有多个子公司，分别是发电厂、电解铝、铝箔、铝型材、货车挂箱、酒店、房地产、贸易公司，分布如图 10-1 所示。

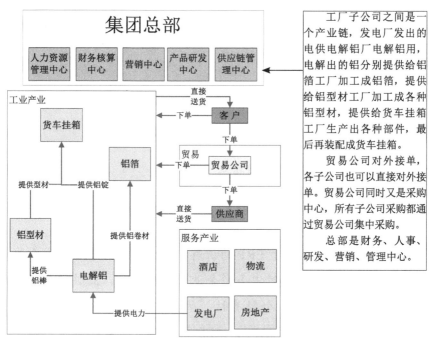

图 10-1　某集团企业子公司分布

2. 信息化整合前状况

集团大公司是从小公司经过多年发展而来，这些年间伴随企业管理瓶颈的不断升级，企业会陆续导入各种系统，如购销存、财务、OA、HR、PDM、绩效、考勤等，各个产业因为其行业特殊性，需要导入不同行业的购销存系统，房地产会有专门的 CRM 系统，酒店会有专门的酒店系统等。随着企业的不断发展，这些各个独立的系统渐渐成了信息孤岛，管理者希望有新的平台能够将各种需求整合在一起，于是各种集团型的系统应运而生。因为西方集团企业比国内发展要早很多年，所以大型系统一度为国外所垄断。但是大系统

第10章 集团型企业信息化特点

因为需要做更多的二次开发,以适应多行业的需要,对顾问的要求素质也极高,所以集团企业导入大系统的成本代价也很高,推行周期也长,风险也大。随着近些年云技术的流行,应用系统技术的进步,国内第三代大型系统逐渐进入市场。第三代大型系统比传统大型系统更加灵活,其个性化需求更多的是靠灵活配置来实现,其二次开发平台也更加的简单化,对顾问的要求大大降低,从而降低了实施周期,降低了成本,也降低了风险。

3. 集团企业信息化技术层面要求

集团企业信息化技术层面要求如图 10-2 所示。

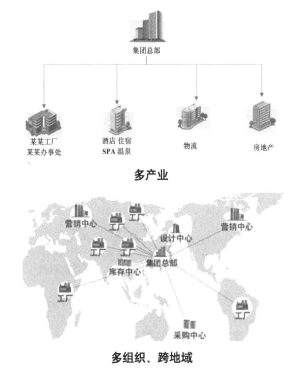

图 10-2　集团企业信息化技术层面要求

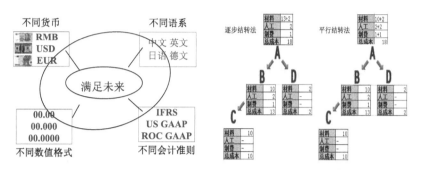

图 多会计准则、多语言　　多元化成本核算

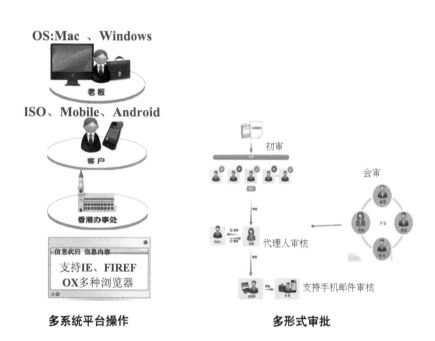

多系统平台操作　　多形式审批

图 10-2　集团企业信息化技术层面要求（续）

（1）多产业：比如同一个单据，不同产业公司打开显示的界面是不同的。系统管理逻辑也要支持多产业的管理方案。

第10章 集团型企业信息化特点

（2）多组织、跨地域：多个子公司用同一套系统，能够把各个子公司的账分开，也能合并。支持跨区域联网使用。

（3）多会计准则、多语言：因为跨地域，用户涉及不同国家，要支持多语言界面。因为跨行业，不同行业的财务会计准则不同。

（4）多系统平台：支持常规电脑登录、网页浏览器登录、手机登录，以及其他移动终端登录。

（5）多形式审批：能够跟电脑办公软件或邮件对接，也可以跟手机短信对接。

（6）多元化成本核算：依据企业的成本核算方法及核算项目灵活自定义。

如图10-3所示，集团化系统在配置上要求更高，一般二代中级系统也具备审批流程、单据界面、查询报表自定义，三代高端系统在管控参数上配置会更多、更细化，而且权限可以细到字段级，业务逻辑也可以通过配置来实现，基本不用修改源代码，极大地提高了系统的开发效率。

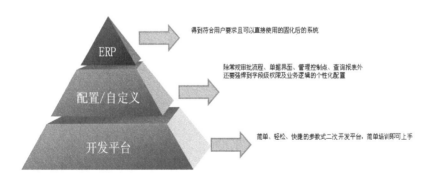

图10-3　集团化系统要求

三代高端系统也往往会有自己的开发平台，通过该平台，不会编程的人也可以快速学会开发，让开发更简单、更快捷。

10.2 集团型企业信息化应用特点

1. 集团总部信息化 ERP 模块范围

如图 10-4 所示,图中粗体大号字代表对应的系统模块,图中 SCM 供应链是指购销存模块。

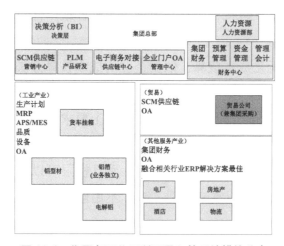

图 10-4　集团各子公司所要导入的系统模块分布

2. 多组织协同销售管理模型

两个子公司参与的协同销售模型如图 10-5 所示,三个子公司参与的协同销售模型如图 10-6 所示。

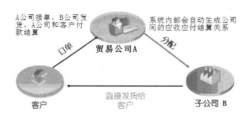

图 10-5　两个子公司参与的协同销售模型

第 10 章 集团型企业信息化特点

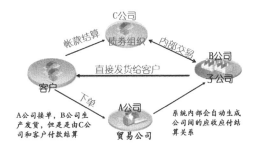

图 10-6 三个子公司参与的协同销售模型

总部营销中心与各子公司往来应收应付数据流如图 10-7 所示。

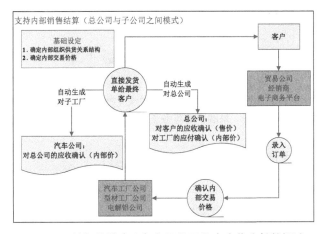

图 10-7 总部营销中心与各子公司往来应收应付数据流

3. 采购多组织协同管理模型

采购多组织协同管理模型如图 10-8 所示。

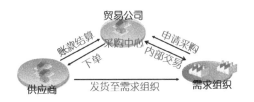

图 10-8 采购多组织协同管理模型

采购中心与各子公司采购往来数据流如图 10-9 所示。

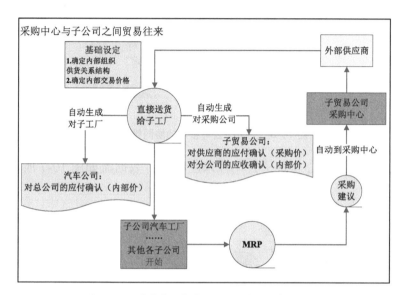

图 10-9　采购中心与各子公司采购往来数据流

4. 子公司之间协同生产管理模型

子公司之间协同生产管理模型如图 10-10 所示。

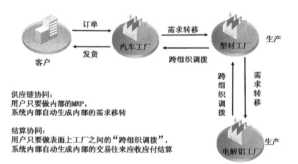

图 10-10　子公司之间协同生产管理模型

子公司之间协同生产及往来应收应付结算数据流如图 10-11 所示。

第 10 章 集团型企业信息化特点

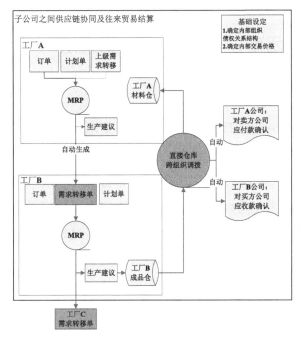

图 10-11 子公司之间协同生产及往来应收应付结算数据流

5. 集团财务合并数据流

总公司与子公司财务合并如图 10-12 所示。

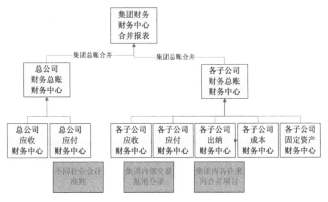

图 10-12 总公司与子公司财务合并

10.3 集团型企业信息化实施方法

1. 集团供应链财务替换方法

不少集团企业换系统之前，原来的集团财务、供应链已经一体化，且财务做了集团汇总合并，这样企业有两种实施方案。

（1）方案一（该方案财务部门压力会很大，很不习惯）

各个子公司先将供应链和财务总账切断，凭证手工录入，这样集团财务继续用原来的财务系统，把供应链这块替换成新系统。但是切断也不是把全部子工厂都切断，而是供应链实施到哪个工厂就切断哪个。待子工厂供应链全部实施完或者切换到一大半的时候，将集团财务整体更新为新系统。

（2）方案二（该方案需要新系统有接口）

子公司刚开始将供应链和财务总账一起替换，财务总账也在新的系统里做，通过新系统的接口可以把新系统的凭证自动传输到原来财务总账里去，这样保证了新系统的财务和老系统财务并行一段时间，而且不用做两套重复账的工作。

2. 成立项目小组

刚开始成立一个项目小组，该项目小组实施完第一个工厂后，就可以将实施模式复制到其他子工厂。

该实施小组组建时要考虑长期性，不能短期内解散。

成立项目小组优势：一方面培养内部顾问经验，另一方面节省外部顾问费用。

3. 实施步骤说明

第一阶段范围：先实施总部供应链，各个子公司供应链、财务总账再逐个跟上。实施时应注意以下事项。

（1）子工厂的最上游（电解铝）先开始和总部供应链协同运行。

（2）其他子工厂还没有实施期间，总部供应链是无法做协同的，需要手工录入单据。

（3）子工厂按照供应链顺序逐个实施。每实施运行一个子工厂，就多一个供应链间的协同，协同就是指内部交易类的单据总部不用手工录入，由系统自动生成。

第二阶段范围：集团财务及其他。顺序：待工厂和贸易公司实施完后，其他产业的供应链财务总账逐步实施，所有子公司财务总账实施完后，做集团财务合并。

第三阶段范围：各个子公司生产及其他模块。

第 11 章　逐步装修"家"管理体系

◎ 通过信息管控系统细化调整，逐步提升管控目标
◎ ERP 与 ISO、实际业务完美融合——新体系
◎ 6S 现场管理
◎ 精益生产
◎ 绩效管理无处不在
◎ 编写岗位职责和流程操作手册 SOP

本章提示：
搭建管理框架毛坯房是一个漫长过程，搭建好毛坯房，也就稳固了管理变革的江山，接下来就只需要将细节完善。如融入 ISO 重新梳理 ERP 业务流程；引入 6S 对工作现场进行改善管理，提高员工职业素养；引入精益生产思想，提升生产管理效益；引入绩效管理，进一步激发员工的工作积极性。

11.1　通过信息管控系统细化调整，逐步提升内部管控目标

想要快速改善企业内部管理混乱的现状，企业需要引入系统标准化的管理功能模块及标准化管控流程，快速搭建内部牢固的管理框架。有了该管理框架，就可以在此基础上进一步直观明了地作流

程管控细化、优化。通过权限控制、审批流程设置、商业规则控制等相关工具来实现重新固化。

1. 单据审批流程调整

管控和效率是矛盾的。审批流程长了，管控做到位了，但是管理效率就会低下；审批流程短了，效率提高了，但是管控就会弱化。最终需要在管控和效率之间寻找一个平衡。

信息系统的推行，是对原有工作习惯的变革，在前期推行中往往会遇到很大阻力。为了提高推行效率，需要"采取前期先搭框架、后期再细化"的思路。即前期不要把所有的管控关节都纳入到系统中执行，防止前期因为员工操作不熟练，导致流程卡住无法执行下去。前期管理变革的目标主要是数据共享，提高信息传递效率。前期审批流程一般不宜超过2级，即一个部门制单，另外一个部门审核。

待框架搭建好，整体框架运行 1～2 个月后，员工工作习惯也有了一个过渡性的缓冲适应，眼看系统的推行已经是大势所趋，即核心主管或员工的抵抗已经无法立足。这时为了管控到位，可以把更多的流程节点进入系统卡控，虽然站在员工角度，这是进一步增加了员工的工作复杂度，以至于有些员工可能在情绪上会有所抵触，但是只要循序渐进地推行系统，再加上正确的道理，足以扭转老员工的倔强心态。

流程细化拿采购过程举例，第一步只搭框架，如图 11-1 所示。

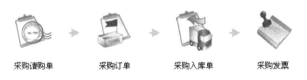

图 11-1　采购流程框架

以后可以在采购订单之前插入一个询价过程，如新物资采购必须要询价，而且不能低于 3 家，询完价后，需要经过部门经理审核、财务审核。系统参数设定好不能修改，不询价就无法下采购订单。再比如在采购入库环节之前将来料检验过程引入系统控制，先由仓库做暂收，然后再由品质填写检验记录，最后才入库。

具体哪些流程可以再细化，在推行系统的时候可以咨询相关高级咨询顾问。

2. 管控参数调整

系统可以通过某些参数设置，来改变某些管控流程或者逻辑。前期推行系统为了减少阻力，可以在管控上降低要求，但随着管控能力的逐步提升，管控的要求也需要逐步提升，最终达到一个标准境界。管控参数设置举例如下（拿采购举例）。

（1）采购新的物资，不经过询价单，就无法下达采购订单。

（2）采购必须要有请购过程，没有请购单，不能直接下采购订单。

（3）采购订单不经过审核，就无法打印出来传给供应商。

（4）采购订单要变更的话只能重新录入"采购变更单"，不能在原有的订单上直接修改。

（5）某些物料必须要启用走来料检验过程，只有品质部门填写检验单了，才可以入库。

（6）某些物料启用批号管控后，入库时必须要输入批号，出库时按照先进先出原则来控制出库。

（7）控制不同物料的超收比率，超过的部分，无法做入库。

3. 权限控制细化

伴随着流程调整和管控参数调整，用户操作权限肯定也要做相

第 11 章　逐步装修"家"管理体系

应的调整。还有些调整是因为前期无暇顾及或者为了方便员工前期的过渡，而将权限设置得不严谨。如仓库的盘点单据，按正常来说，仓库是没权自由调整库存的，盘点单由仓库制单，最后必须交由财务审核后才生效。但是导系统前期为了仓库把库存账搞准，便于其做库存调整工作，就把盘点单审核权限也放给仓库了。以后管控顺了，需要记得把权限改回来。

4. 单据报表界面微调整

使用系统重要的目的之一就是实现数据共享，前期不可能把所有数据信息都共享，刚开始只能考虑到常规的大部分数据，不可能也没有精力和时间去考虑得那么仔细。只有在以后的使用过程中，再不断地增加新的数据共享。然而，这就需要对系统单据的录入界面、单据打印格式以及统计出来的报表做些微调整。如产品资料信息，刚开始只把产品编码、品名规格等相关常用信息录进系统，以后会陆续增加产品的长、宽、厚、单重、材质、表面处理要求、印刷颜色、客户料号等信息，而且这些信息也要能够体现到对应的单据上、报表中。这些都需要后期来进行微量调整。这些调整的过程都是很快的，基本可以做到"随叫随改"。

5. 企业个性化管控规则设定

针对高端的系统平台，往往会带有商业规则功能的设定，即不需要通过二次开发，只需要专门工具的设置，也能实现个性化的管控。举例如下：

 订单金额小于 1000 元不允许接单，毛利低于 20% 不允许接单。

 企业为了能统一安排出货，出货日必须安排在每周二和周四。

A类客户在信用额度之内,可以先发货后付款,B类客户必须付50%的定金才可以发货,C类客户必须全额先打款,才可以发货。

 某些特殊产品接单时,必须要经过特定的人审核才能出货。仪器出货后,检定证书还未给客户,需要追踪。

 供应商评估时,必须评估该供应商是否通过某些认证或资格,例如ROHS认证等。

6. 信息化管控领域的不断拓展和再深入

追求企业使命、为企业愿景而奋斗,这是一个持续改进的过程,只有不断的科技创新、管理创新,才能在市场上立于不败之地。借鉴标准信息化管理系统模块的导入过程,实现了企业管理的快速提升。后续还需要依据市场行情进一步引入信息化管控的优势,让企业管控逐步得到改善,以使企业管理在行业中处于领先地位。

有些应用举例如下:

(1) 手机短信提醒

发货的时候通过短信自动告知客户,哪个订单的货物已经通过哪个物流公司的车辆,于什么时间开始发送。下达采购订单的时候也自动提醒供应商,防止供应商疏忽漏掉订单。

(2) 邮件、微信提醒

有些需要审批的单据,可以同时通过邮件、微信的方式提醒对方。对老板所需要的一些报表,也可以定期地自动统计报表通过邮件发送给老板,如每个月的销售分析、财务报表等。

(3) 智能仓库

针对有些企业的仓库存储管理存在难度的问题,可以考虑引入智能仓库管控系统。在现实生活中类似智能化货架式汽车停放管控

第 11 章 逐步装修"家"管理体系

系统。实现自动寻找存储位置、自动移动位置等功能。有些行业还需要一些其他实时监控，如温度、湿度等。

（4）设备联网控制

数控设备实现联网控制监管，事先将设备的运行参数设定好，将设备锁定，防止员工为了提高产量而私自修改设备参数的情况。

（5）智能化品质检测

针对有些精密零部件的检测。这些零部件量大、东西小，如果靠人工去检测会花费很多人力，而且检测结果偏差较大。可以引入智能化检测设备，依据事先设定好的检验标准和参数，通过多维的光学探头自动拍照判别其是否合格，结合机械手自动将良品和不良品分开。

（6）工序检测控制

有些行业，对品质控制要求很严，系统中可以完全控制，当某道关键工序发生质量问题后，就无法继续进行后续工序，直到品质再次确认合格后，才能往下流转。

11.2　ERP 与 ISO、实际业务完美融合——新体系

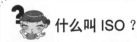 什么叫 ISO？

ISO 的全称是 International Organization for Standardization，翻译成中文就是"国际标准化组织"。由来自世界上 100 多个国家的国家标准化团体组成，共同制订的一套适合企业发展、规范的标准，这些标准实施会给工业和服务业带来经济收益。中小型民营企业为了赢得高品质客户，在企业内部导入 ISO 9000、ISO/TS 16949 质量管理体系认证，使客户验厂稽核能够赢得更多的客

> 户订单，企业内部管理按照质量管理体系流程化、规范化、标准化运作，企业质量管理得到全面提升。简单的理解就是为了确保产品质量而针对整个物流过程进行管控的一套管控体系。只是这个管控体系是全球无数企业管理经验的总结，即该管控体系符合国际标准。该管控体系以表单和记录为工具注重对过程的管控。在对过程的管控过程中强化质量检测，通过对质量检验数据分析进而不断做 PDCA 式循环改进。

融百家之长合成新的一套完整体系如图 10-2 所示。

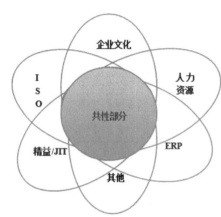

万物归宗，很多管理思想道理是相同的，毕竟目的都是为了实现"自动自发高效强有力的管理团队"。人力资源管理体系只是从以人为本的角度去看整个企业管理；ISO 只是从质量控制角度去看整个企业管理；精益生产、JIT 是从零浪费角度去看整个企业管理；企业文化是从企业精神角度看整个企业管理；ERP 是利用计算机的特性从资源共享、科学管理角度看整个企业管理。

单从某一个角度看企业管理都是不全面的，需要各部门百花齐放，各有所长，带着共同的目标组成完整的管理体系。

图 11-2 融百家之长合成新的一套完整体系

1. ISO 与 ERP 相辅相成

ERP 本身也是通过各种表单，依据审批流程，贯穿企业业务流程始末。在 ERP 系统的整理流程中，也有来料检验的单据、生产过程中检验的单据、生产入库前检验的单据等。依据这些单据，ERP 可以自动统计分析出各种分析报表。

回顾一下 ERP 的概念，ERP 是计算机技术和管理思想的融合，是把很多企业优秀管理思想做总结，然后用计算机软件技术把该思

第 11 章 逐步装修"家"管理体系

想固化下来。ISO 本身也是一套管理思想，只要是好的管理思想，ERP 都应该引入进来，用软件技术将其固化成型。所以二者是相辅相成的关系。

2. ERP、ISO、实际业务流程之间的矛盾与协同

目前国内实施 ISO 标准体系和 ERP 系统的企业，往往在实际运行中会面临一些问题，最为明显的是：大多数企业导入 ISO 只是对外宣传的一种手段，并没有用心按照 ISO 体系去做真正的管理。所以企业实际业务流程是一套，ISO 表面文件又是另外一套。另外，多数 ERP 在功能设计上不能满足企业实际需求，或者实施推行不力导致无法运行，造成 ERP 系统投入没有足够产出，形成浪费。最终导致无法在三者之间形成一个相互协调的有机整体。

ERP 是必须要跟实际业务流程（即可以执行的流程，而不能教条地理解为现有的流程。其管理工具不同，工作方式肯定也会有所变化，但不管如何变化，只要合理可以执行即可）体系吻合的，因为不吻合就无法推行 ERP，要想推行起来，二者就必须实现吻合。当然一套 ERP 系统（在没有二次开发的情况下）并不能 100% 满足企业实际业务流程，实际上能够把实际业务流程的 80% 范围融入到 ERP 体系中，就已经大大提升管理效果了。

ISO 体系反而可以不用和 ERP、实际业务流程融合，因为每个企业在"忽悠"内审上都有一手。反正是装样子，所以只要把文件摆在那里，可以不用去执行。

但是如果把 ERP 系统推行起来了，其实企业这时的业务流程就已经基本满足 ISO 内审要求了，只需要以 ISO 体系要求为指导，对 ERP 体系作适当微调即可。如把 ERP 中单据打印格式设计成满足 ISO 要求的格式。

也有企业认为ISO体系太复杂，无法实际执行，实际上这个观点是把ISO理解得太教条了。因为ISO的目的就是要改善企业管理，如果实际业务操作与标准一直存在重大的差距，说明企业有很多问题，这些问题必须要逐一搞清楚，不能笼统地说是ISO的问题。由于ISO有大量的管控环节和需要大量的记录，导致一线员工（包括管理人员和工人）的数据操作工作量大增，这是一个影响项目成功的重要问题。这个风险需要通过仔细研究和制定流程控制点、数据汇报点、数据汇报内容来降低，尽量减少不必要的数据输入，或者采用自动化的输入手段（条码、RFID等）。其实导入ERP信息化工具，就是提高数据共享、提高数据录入效率的，反而有助于推行ISO的全面执行。

理论上讲，ERP和ISO、企业实际业务流程是完全可以融合在一起，形成一个新的管理体系的。或者说能够达到"完美"融合是极为困难的，但是，在现实条件下达到和平共处、实现各自期望的目标还是有可能做到的。由于ISO标准的主要目标是保障产品质量的一致性，ERP系统重点是对企业的数据资源进行有效的共享、调度和利用，实际业务中的操作则是标准与现实的一个利益平衡的结果。我们所要做的就是实现三者之间不同功能的互补性协同。

其实，不管企业引入并建立了多少种管理理念和管理体系，企业的业务流程都只能有一套，企业的业务人员在工作时，只要严格按照这套流程中所规定的要求开展工作，就可以满足所有管理体系的要求。比如当一个采购员在下采购订单时，他不可能，也没有必要去考虑ISO 9001有什么要求，企业内控体系有什么要求，供应链管理方面有什么要求。他应该只需要按照一套采购下单的流程操作即可，而这套采购下单的流程本身应涵盖各种管理体系和管理理念的要求。

第 11 章　逐步装修"家"管理体系

11.3　6S 现场管理

6S 现场样板图如图 11-3 所示。

图 11-3　6S 现场样板图

6S 五大效用

- **最佳推销员**：清爽、明朗、洁净的工作环境，能提高企业的知名度和形象，顾客也有信心下订单；还会吸引优秀的人才到这样的工厂工作。
- **节约专家**：可降低很多不必要的材料以及工具的浪费；可降低订购时间，节省很多宝贵的时间；还可节省工作场所。
- **对安全有保障**：全体员工遵守作业标准，不易发生工作伤害；危险点有预防措施和警告标识；6S活动强调危险预知训练及应急响应训练，安全得以保障。
- **标准化的推动者**：6S强调作业标准的重要性，员工能遵守作业标准，服务质量提高而且稳定；通过目视管理的运用与标准化，能防止问题的发生。

◆ **可形成满意的工作环境：**明朗的工作环境，可使工作时心情愉快，员工有被尊重的感觉；经由6S活动，员工的意识慢慢改变，有助于工作的推展；员工归属感增强，人与人之间、主管和部属之间均有良好的互动关系；全员参与的6S活动，能塑造出良性的企业文化。

1. 6S现场管理：起源于日本丰田公司，作用卓著（已经成为世界性工厂管理的潮流）

英文表达：整理（SEIRI）、整顿（SEITON）、清扫（SEISOU）、清洁（SEIKETSU）、安全（Security）、素养（SHITSUKE）。

中文意义如下。

（1）整理：根据使用周期和频率，正确区分现场内必要品和不必要品，果断去除不必要品的活动。

（2）整顿：将物品标准化（三定），加以标示，容易取放，并进行可视化管理。

（3）清扫：把作业现场的地面、设备、备品、工具等各个角落彻底大扫除，然后日常化。

（4）清洁：维护3S成果，并在正确实施的基础上制定并规范行动标准。

（5）安全：完善安全生产的环境和制度，使所有的工作都在安全规范的前提下进行。

（6）素养（习惯化）：形成合力维护正确程序的习惯，创造并维持有纪律的现场。

2. 整理（SEIRI）：最重要的整理习惯就是随时随地进行全面检查、归类

（1）必须做到：清除无用品、防止污染源、扩大空间。

第 11 章　逐步装修"家"管理体系

(2) 必须确认：需要的物品、需要的数量、需要的时间。

(3) 整理做不好的不良后果：浪费时间寻找零件和工具；过多的现场物品隐藏了其他生产问题；不需要的零件和设备影响正常生产过程；对于客户的响应慢。

(4) 物品分类：如表 11-1 所示。

表 11-1　物品分类

使用分类	使用时间描述	处理方法	例如
0 级使用	过去一年从未使用	丢弃、按废品或次品处理	
1 级使用	过去一年只使用过几次	转移到公司仓库	
2 级使用	过去一个月只使用过几次	转移到车间仓库	
3 级使用	每周使用一次	置于班组现场	
4 级使用	每天使用一次	置于作业现场	
5 级使用	每小时使用一次	随身携带	

(5) 容易产生"不需要物品"的地方：各个角落及置于角落的箱柜、料架、小车等；办公室内的各种橱柜内外、闲置的桌椅及抽屉内过期无用的资料期刊等；厂区车棚、绿化带、门卫室、食堂、垃圾堆放处等；车间仓库、休息室、工具箱及报废的工具等。

3. 整顿（SEITON）：最重要的整顿习惯就是使物品合理放置，并加以标识

(1) 必须做到："三易"（易取、易放、易管理）；"三定"（定位、定量、定容）。

(2) 必须达到：高功能布局、环境整洁、定点存放、减少寻物时间。

(3) 整顿做不好的不良后果：材料移动的浪费（搬来搬去，没用的物品总在移动，有用的物品越搬越糟糕，搬运费）；动作的浪费（无用的工具，导致多余的动作和不良的操作，返工增加）；寻找的浪费（乱翻乱找会造成新的混乱，一旦找不到还会造成严重后果）；次品的浪费(次品一旦产生,材料、人工、管理等成本无法收回,相应的工作都是无用的）。

（4）整顿的方法分类：要求是10米距离，1.0视力，无色盲者可以清楚分辨。如表11-2和表11-3为两种方法的介绍。

表11-2 方法一

方法一		内容简介	具体要求	例如
标示物	标示牌	库存资材、库存设备	场所、品目、数量、区域	
	标识板	标准化程序、机器分布图	区域、位置、指示、展示	
	标识线	区域划分、人行走道	开门范围、危险区域	
	6S地图	目视管理、程序管理	合理布局、合理走向	

表11-3 方法二

方法二		绿色	黄色	白色	蓝色	黑色	红色	黄/紫/黄
标示色	地面	作业区域	通道线	休息室				
				仓库				
				物品正位				
	区域		一般区域	待审区	合格区	固定位置的物品	废品区	有害物
					安全区		返工区	防撞处

（5）容易产生无法整顿的地方：休息室、员工车棚、食堂、门卫、卫生间、垃圾站、个人桌子下面。

4. 清扫（SEISOU）：最重要的清扫习惯就是彻底大扫除，物品明朗化

清扫前需要分辨需要清扫的物品和不需要清扫的物品，如图11-4所示。

（1）必须做到：扫黑（垃圾、灰尘）、扫漏（漏水、漏油）、扫怪（噪音、温度、震动）。

(2) 必须达到：无垃圾、无污染、无尘埃、无碎屑。

(3) 清扫做不好的不良后果：肮脏的工作环境导致士气低落；在黑暗、杂乱的工厂里，缺陷很难被发现，安全事故、火灾隐患无穷；地面上的油渍和脏水容易引起滑倒，造成物品损失与人员伤亡；机器未得到及时维护，导致经常发生故障。

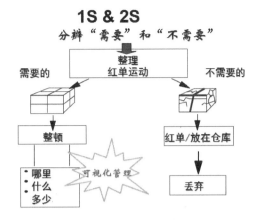

图 11-4　清扫分辨需要和不需要

(4) 清扫管理的方法：如表 11-4 所示。

表 11-4　清扫管理的方法

管理方法	基本要求	备注
清扫分工图	按层级、按部门、按车间、按班组层层分工	
清扫值日表	定区域、定人员、定标准、定制度	
清扫流程图	建立目标、分配职责、确定方法、准备工具、付诸行动	

(5) 容易产生无法清扫的地方：天棚屋角、橱柜上下与背面、抽屉内部、公共区域及公共设施、窗户外侧。

5. 清洁（SEIKETSU）：最重要的清洁习惯就是保持成果，遵守规章制度

(1) 必须做到：不恢复脏乱、不制造脏乱、不扩散脏乱。

(2) 必须达到：推进透明管理、创造舒适环境、坚持长效考核。

(3) 清洁做不好的不良后果：整理工作逐渐松弛；整顿工作逐渐懈怠；清扫工作日见不良；各种矛盾不断增加。

（4）清洁管理的方法：如表 11-5 所示。

表 11-5　清洁管理的方法

管理方法	基本要求	备注
巩固 3S 成果	每天至少花 5 分钟时间进行整理、整顿、清扫工作	
制定办公 6S 标准	按照区域、岗位、职责进行考核与评分	
制定车间 6S 标准	按照区域、岗位、机台进行考核与评分	

（5）容易产生无法清洁的地方：天棚屋角、公共区域及公共设施、房屋墙面、窗户外侧、容器内部、锈蚀器具。

6. 安全（Security）：最重要的安全习惯就是遵纪守法，保持环境卫生

（1）必须做到：预防为主，安全第一；安全为了生产，生产必须安全。

（2）必须达到：人身、设备、现场三者均无安全隐患、无安全事故。

（3）安全做不好的不良后果：人身安全无法保障，伤亡事故难以避免；设备安全无法保障，设备事故难以避免；生产秩序无法维持，订单难以按交期完成；质量下降，成本上升，企业市场竞争力减弱。

（4）安全管理的方法：如表 11-6 所示。

表 11-6　安全管理的方法

管理方法	基本要求	备注
安全教育	入职安全教育、在岗安全教育	
安全检查	人员、现场、设备、工具、安全防护、制度	
安全整改	作业现场、操作规程、劳动纪律	
安全演练	专题演练、岗位演练、示范演练	

（5）容易引发安全事故的地方：附属设备（配电、锅炉、厨房）操作；人多拥挤楼梯间，上下班通过马路；各种违章、违法作业；

睡眠不足、酗酒、经常走神等状态操作机器和各类工具。

7. 素养（SHITSUKE）：关键在于要始终保持前 6S 活动的良好习惯

（1）必须做到：整理、整顿、清扫、清洁、安全工作制度化、日常化，坚持不懈，持之以恒。

（2）必须达到：高层领导支持、中层领导执行、基层领导落实、全体员工行动的良好状态。

（3）习惯化培养（素养）做不好的不良后果：人员素质没有得到实质性的提高，只见投资、未见回报；员工对企业管理丧失信心，使其他管理工作也受到波及；各项制度流于形式，管理人员责任心降低；办公现场与生产现场又恢复原状，效率再次下降。

（4）6S 推广的具体流程：如表 11-7 所示。

表 11-7　6S 推广的具体流程

	推 行 流 程	基 本 要 求	备　注
1	成立推行工作组	各级领导以身作则，充分利用各种会议	
2	培训逐级展开	管理人员集中培训，各部门、车间、班组逐步推进	
3	拟定推行计划	6S 图纸、6S 规划、6S 程序、6S 制度	
4	开展推行活动	分三阶段：有行动的、有效果的、有素养的成就	
5	现场评比与诊断	各个区域、各个部门、各个岗位、各个部位	
6	推行成果的发表及展示	海报、口号、摄影、小报、手册、参观	
7	优秀部门与人员奖励	从 6S 单项考核逐步并入绩效考核之中	
8	推行活动的标准化	可操作性、可比性、可监督性、可考核性	

（5）6S 素养难以提高的人员：思想观念落后的人员；行动力较差的人员；集体感不强的人员；不安于本职工作的人员。

小结：做 6S 现场工作，不是简单地进行大扫除、搞卫生，而是通过 6S 工作改变员工的观念，将工作标准化、规范化，不断提高员工素质，为企业的成本、质量、交期做出贡献。检验方式：看一个

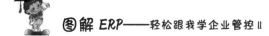

陌生人是否能快速找到物料、快速地点出数量。

11.4 精益生产

有这么一位民企老板,初中文化,看起来像"大老粗",但企业做得不小,而且内部管理也很规范,这就得益于手下各部门干将的认真配合。老板对手下干将们提出的管理改善需求有求必应,因为自己不懂,所以只要他们说得有道理,老板就拍板。于是目前为止,公司内部管理井井有条,内部无论办公室还是车间,干净清爽,工人干活也井条有序,简直就不像是人们眼中民企的概念,而且公司也早早导入了 PDM、OA、ERP、HR 等系统。老板虽然不懂管理,但很注重管理,所以也认识不少顾问,其中有个顾问老板最喜欢,因为他看起来也"土",是实干型的,最主要是不喜欢长篇大论,所以这两个人话比较聊得来。有一天中午,他们俩再次碰巧一起吃了顿便饭,两个人也事隔好久没见了,相逢甚欢。在边吃边聊中,饭就快吃完了,这时老板突然想起一件事。

"老徐啊,最近耳边总听到什么 JIT 零库存概念,还经常有各种管理咨询公司的人打电话让我去听课。我就纳闷了,谁那么牛能把企业做到零库存?"

"零库存?开玩笑了,哪家公司能真正做到零库存?是提出零库存的丰田公司?它怎么不想想它公司的零库存是如何办到的!它的零库存是建立在所有供应商的痛苦之上的。它把库存转嫁给了供应商,让供应商必须按时按量交付产品,而客户贪图它的利润,不得已在它附近或在它厂里租仓库。零库存只是一种理想,想要真正做到这种地步,我不说完全不可能,反正国内企业目前想达到这

第 11 章　逐步装修"家"管理体系

种地步应该是一件很困难的事。我曾经在 2003 年求职于一家自行车配件厂,当时公司为天津一家自行车厂作配套件,我们就在主件厂附近设了办事处,其实就是租了个仓库,专门按主机厂要求随时供货。主机厂确实做到了零库存,但库存却转嫁到我们头上了。零库存可以成为我们努力的目标,但我觉得我们还是要从实际出发,别想着一步登天的事。"

"不过任何事物,总归都会有其优点,我们能不能吸收点它可利用的部分,即使做不到零库存,能把库存降下来、生产效率提高上去、解决企业多品种、小批量、及时按订单交付也行啊!"

"做不到零库存,把库存降下来,这应该是可以的。但我还是要分析下你的客户订单情况,了解下各供应商往年的订单品种、订单量、交期要求等。有些客户就需要你备库存,不然真来不及交货,比如鸿雁厂的订单,交期特别短,你不做库存根本不可能按期交付。"

"哦,原来这样啊,那很多企业管理公司还总打电话过来吹吹吹的,下次我直接不理他们了。"

"那都是咨询公司为了赚钱就吹牛,你可以问他们敢不敢先付点意向金,辅导成功后再拿辅导费?好多咨询公司吹嘘可以按提升的效益来收钱,搞几个指标前后对比。这种伎俩能欺骗许多人,但根本骗不过我,我是搞财务出身的,我清楚某些企业里一些数据是否能准确提供出来。好多公司连 6S 都没做好,最基础的仓库账也没有,数据记录表单都不齐全,你怎么让他们提供出准确的数据?你怎么提取准确的数据?指标前后对比?真是开玩笑。"

"嗯,确实,那全国有那么多精益生产顾问,都给企业搞些什么名堂呢?就是上上课?宣传下思想理论?还是确实某些地方会有些改进?"

"精益生产顾问基本就是围绕供应链做文章。目前的做法和内容一般从6S开始做起,整仓库、编制物料流转过程中所需的表单、建仓库账,制定供应链中环节流程,编制生产主计划、周计划,编制生产报表、线平衡、产品定额管理、工装夹具的改善等。在这过程中,同时配合着上一些针对性的培训课。"

"看精益生产宣传资料里提到的那些什么全面质量管理思想,还有什么其他全面什么的,感觉这些当标语贴贴如何?"

"这就是精益生产中强调的全面质量、全面维修、团队工作,这些想法都是不错的,全面质量管理重在培养每位员工的质量意识,在每一道工序进行时注意质量的检测与控制,保证及时发现质量问题。给员工讲讲质量管理也是必需的,质量是生产出来的,想要提高质量是需要靠全体员工努力的。全面生产维修是消除停机时间的举措,制定例行维修、预测性维修、预防性维修和立即维修相关的制度措施。适当搞些标语也是需要的,对员工有个警示、提醒作用,也能给客户、政府部门领导参观留下一个好印象。"

"看精益生产宣传资料中提到的通过现场改善,看板传递,来减少物理移动时间,减少库存,提高生产管理效率,是否可行啊?"

"车间、机器、管道、电力等设施已经定型,如果再重新改变,几乎是不可能了。重新设置我也知道更合适,但一方面是工厂不可能停工整改,另一方面是牵涉面太广,一动百动,电缆沟、管道等不可能再改了。不过提到的看板传递,倒可以提升改善,就是通过信息系统类似MES一样或者ERP中的生产管理模块来传递工序生产信息,及时反馈生产进度,提高排产效率,提高交期回复的准确率。"

"嗯,我明白了,那也就是说精益生产是个噱头,我不需要听那些课了,目前也不需要请精益顾问来指导了,只要在现有ERP基础上再引入APS、MES系统搞起来就好了是吗?现场部分把6S

第 11 章　逐步装修"家"管理体系

和企业文化宣传到位就行了是吧？"

"也不能说精益生产是个噱头。目前社会上打着精益生产旗号的顾问太多了，水平参差不齐，随随便便整整仓库、理一下流程也算是精益了。所以才让人产生这种错觉。我本人认为，公司必须从实际出发，脚踏实地去做改善。其实我个人认为公司能搞好ERP就算不错了，一般民营企业真的很不容易搞成功。人员不稳定、人员素质差等极大制约着项目的开展和执行。你们ERP能够推行起来，主要还是遇到了好顾问和你们强有力的职业经理人的功劳啊。在此基础上，再对接MES和APS还是可行的，现在MES案例也蛮多的，APS也有不少推行成功的企业。6S方面，可以在生产这块进一步细化，其实6S最终就是为生产服务的，我只看一个陌生人是否能快速找到物料、快速地点出数量。能做到这点，6S就到位了。其他方面我认为还是不要好高骛远。"

"很感谢你，下次有空请你再来我公司定期考察和指导。"

精益生产实现过程如图 11-5 所示。

图 11-5　精益生产实现过程

11.5 绩效管理无处不在

纵观卓越成功的企业，内部都有一套极其规范细化的绩效考核体系，绩效考核的重要性不容置疑，但是要如何做好绩效，就是一门很深的学问了。企业管理正常的思路应该是先写绩效体系，然后再构建细节执行管控。如图 11-6 所示，绩效是一个长期的过程，一时难以调整，所以就先解决紧急的执行管控问题，将绩效放在后面讲了。

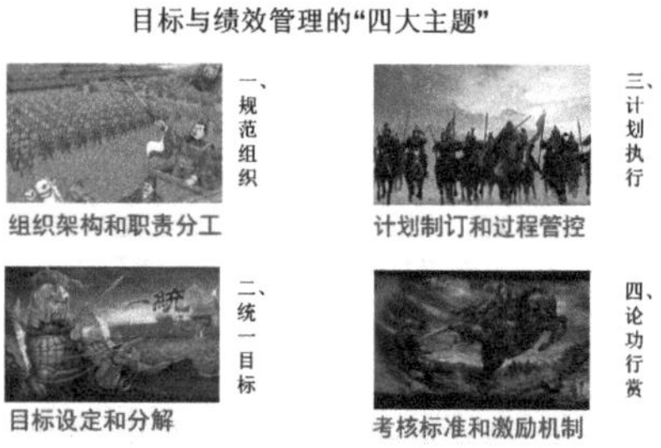

图 11-6　目标与绩效管理的四大问题

一、组织架构和职责分工

企业架构和职责分工如图 11-7 所示。

图 11-7　企业架构和职责分工

1. 组织结构划分

（1）确定直线指挥系统与职能参谋系统的相互关系等方面的工作任务组合。

（2）建立职权、指挥系统、控制幅度、集权与分权等人和人相互影响的机制。

第 11 章　逐步装修"家"管理体系

（3）建立最有效的协调手段。

2. 部门职能职责划分

（1）通过部门职能分析，发现公司管理层面上、职能分工上的各种问题，例如工作职责不清、职责重叠、工作遗漏等现象。

（2）明确每项工作中各个部门需要各自担负的角色。例如，是计划还是批准，是执行还是协助别的部门执行，是审核还是监督等。

（3）重新定义部门职责和职能描述，为下一步进行《工作说明书》的制作打下良好基础。因为只有每个部门的职能清晰后，每个部门经理的工作职能才会清楚，每个员工才能有正确的分工。部门工作才能紧紧围绕公司目标和部门职能而开展，真正做到"每件事有人做、每人做正确的事"。

二、目标设定与分解

公司级别的目标分解，即把公司目标分解到部门，如图 11-8 所示。某公司的目标系统如图 11-9 所示。

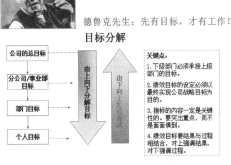

图 11-8　公司目标分解

公司	销售收入	销售净利润	人力资本效率	按期交货率	新品销售额	一次校验合格率	客户投诉次数	资金周转率
总经办		费用预算降低率	公司级事项跟踪督办率 合理化建议被采纳的数量				服务满意度、安全事故发生次数	
人力资源部	核心员工满足率 员工试用期转正率 培训计划完成率		人力资本效率				员工满意度	
财务部	标准成本报价完成率 完成应收款分析			资金需求满足率			财务数据提供及时完整率	融资费用率
销售部	销售总额	销售毛利率			新品销售额			回款及时率
商务部	标书制作差错次数 合同遗失份数			销售订单及时完成率	新品送样跟踪及时率		客诉处理及时完整率（商务投诉次数）	回单回收及时率
研发部	研发项目完成率	设计差错损失额 文件管理差错损失额		产品销售一次合格率	研发新品销售额	技术规范书准确率		
质量部		漏检错检质量损失		来料检验及时率 供应商来料一次交验合格率		检测设备维修费用	出厂检验漏失率 质量投诉处理及时完成率	
采购部		采购成本降低率		来料一次合格率		A类供应商增加数量		库存资金占用比率 应付账款周转天率
计划物控部	销售订单交货及时率 生产计划下单差错率	呆滞品月度消耗金额		生产计划下单差错率 收发料出错次数				库存资金占用比率
一分厂	制造成本降低率		设备利用率	有效工时比转正员工流失率	生产计划完成率		产品合格率		

图11-9 某公司目标系统

三、指定计划和过程管控

月度绩效计划的拟定：围绕部门的指标拟定策略、计划，并且列出需要的资源。部门绩效计划需要在每月初的计划会议提出，得到总经理的审核通过，然后开始执行。如图 11-10 所示为某公司部门月度工作计划表。

部门月度工作计划				
部门：核阀分厂			岗位：厂长	考核周期：1/11-30/11
序号	KPI	策略	完成目标的工作计划	所需资源支持
1	月度必保订单按期完成率	1. 及时制定月度必保订单； 2. 分析讨论月度必保订单情况任务分解； 3. 定期检查必保订单任务完成情况，针对问题及时协调解决； 4. 继续抓内部管理，确保生产效率； 5. 结合百日安全活动，搞好分厂安全生产	1. 11月4日前完成月度必保订单制定； 2. 11月8日前召开分厂班组长以上管理人员生产会议，分析讨论月度必保订单情况，任务分解到班组； 3. 每周一或周二召开分厂生产调度会，检查任务完成情况，针对问题确定解决措施，重点关注： 1）昌江项目 A1029 已验收产品油漆 20 号前入库 2）宁德项目 A1005 清理及入库 3）昌江项目 A1029 本月初验收产品的油漆，争取 500 台以上入库 4）宁德项目 A1015 订单，争取本月装配结束 4. 每日由分厂统计进行生产日记审核，分厂领导、相关调度及班组长月度内抽查 2 次以上	制造部、采购部协助核对毛坯、外购外协标准件完成情况检查及落实
2	除专项费用外月度易耗品消耗金额	1. 易耗品专人管理；控制易耗品的领用； 2. 规范量、刀具借用程序，加大监控力度	1. 落实工具间控制常规易耗品采购金额低于 10 万元； 2. 12 月 5 日前完成专项费用外月度易耗品消耗统计及分析； 3. 检查《核阀分厂分供方借用量刃具、夹具规定》的执行情况，两次以上	采购部协助易耗品消耗金额统计
3	重要设备利用率	提升重要设备利用率	1. 5 日前完成重要设备任务情况分析 2. 12 月 4 日前完成重要设备利用率的统计分析	安全保障部

图 11-10 某公司部门月度工作计划表

4	按项目组要求新品开发按期完成率	1. 专人负责各项目全程跟踪 2. 及时协调解决过程的技术、加工难题	1. 负责人每天至少检查一次各项目的进展情况；本月重点跟踪： 1）2台爆破阀技转样机验收及爆破试验 2）D1011直通式气动隔膜阀样机装配及试验 3）D1012直通式手动隔膜阀样机装配及试验 4）国家核能开发项目主蒸汽隔离阀样机装配及试验 2. 生产过程中的技术、加工难题在2个工作日内完成解决方案的指定及落实	制造部、采购部协助核对毛坯、外购外协标准件完成情况，研发中心协助技术问题处理
5	用户验收一次合格率	1. 做好验收的准备工作 2. 验收过程专人跟踪，遇到问题及时协调处理	1. 接到正式验收通知后，至少提前1天完成验收准备 2. 验收过程由技术人员全程跟踪，遇到问题随时协调解决，如未能当场解决，随时上报	质量部、技术部协助分厂进行现场验收工作
6	机加工一次合格率	1. 提升机加工操作人员技能 2. 针对重大加工质量问题召开质量分析会，制定预防或改进措施	1. 30日前完成一次技术培训或技术交流 2. 针对重大加工质量问题，发生后2个工作日内召开质量分析会，并完成纠正预防措施制定	采购中心、质量部、技术研发中心、焊热分厂等相关部门
7	整机装泵一次合格率	1. 提升装配操作人员技能 2. 针对返工产品召开质量分析会，制定改进措施	1. 30日前完成一次技术培训或技术交流 2. 针对返工品，2日内找出原因，并制定纠正预防措施	采购中心、质量部、技术研发中心、焊热分厂等相关部门

图 11-10　某公司部门月度工作计划表（续）

日清表：核心岗位需要填写绩效对应的日清表。每天下班前写好次日的日清表，上班后依照日清表来展开工作。每日的工作目标是从月度绩效计划中分出来的，确保工作目标不偏离，同时可以抓住工作的重点。如图 11-11 所示为某公司日清表。

第 11 章 逐步装修"家"管理体系

<table>
<tr><td colspan="6" align="center">日 清 表</td></tr>
<tr><td colspan="2">姓名</td><td colspan="2">**</td><td>部门</td><td>一分厂</td></tr>
<tr><td colspan="2">日期</td><td colspan="2">2011-9-2</td><td>职务</td><td>厂长</td></tr>
</table>

	序号	本日计划事项	完成情况		
本日计划完成情况	1	检查 8 月计划执行情况	今天计划检查： 1.D1009 泰山三期样机和 D1010 巴基斯坦样机已预装完成（波纹管不焊接），并进行了壳体、上密封、填料及密封试验，合格，具备用户见证条件 2.A1029 订单含增补共 2301 台阀盖是瓶颈好，密封面堆焊缺陷较多反复返工，现在完成装配泵验 667 台 3.A1019 订单 176 台，其中还有部分坯料没有投到分厂，只能分批组织出产，今天累计装配泵验完成 102 台		
	2	讨论编制 9 月计划	初步形成 9 月分厂工作计划		
	3	车工定机定人执行情况跟踪	检查人员已全部到位，日日清日记检查 10 个人都按要求记录，总体情况不错，中班个别人工时只完成了 4 小时，下周查原因		
	4	下午检查设备保养	今天 12:05 我组织班组长布置车工定机定人后第一次进行设备彻底维护保养，要求设备员、机修、分厂领导现场指导。改变原来设备大家做，谁都不负责的局面。下午我们几个领导几乎都在现场指导督促员工做好设备维护保养 另外我针对空压机气压力不足的问题进行分析，估计管道有漏气，为此对分厂内部所有的接头逐个检查，发现 8 个快接头有漏气，三个阀有漏气，马上组织人进行更换、维修。并要求员工今后发现有漏气马上通知设备员或机修工进行维修。要求设备员和机修工加强检查维护		
本日临时事项	1	接待来分厂参观的石嘴山电厂的客户			
	2				
感悟（工作/生活）		目标清晰，工作越来越轻松，结果越来越理想			
	序号	工作计划	GS	月计划	日常工作	其他
明日工作计划	1	检查 8 月计划执行情况，讨论编制 9 月计划		√		
	2	车工定机定人执行情况跟踪	√			
	3	部门月度绩效面谈安排			√	
	4	完成专项费用外月度易耗品耗用统计与分析		√		

需要上级协调（注明协调人）的事项

说明：编写日记时根据内容自行调整行数，不够可以添加，多余则应删除

图 11-11 某公司日清表

四、考核标准和激励机制

绩效考核表:月底绩效数据统计,完全按照月初拟定好的标准,对业绩客观地算分,得到公正的考核评价。如图 11-12 所示为某公司某岗位绩效考核表。

部门	一分厂		职务		厂长		考核周期:月度			
绩效计划确认	被考核人:**						考评人:***			
考核项目	序号	指标名称	权重	必保目标值	挑战目标值	评分标准		实际绩效	考核分	折算分
KPI	1	生产计划按时完成率	40%	90%	92%	达到必保目标为90分,达到挑战目标100分,必保目标与挑战目标间线性加分,最高封顶110分(财务指标不封顶);低于必保目标的60%本项不得分。				
	2	制造成本节约率	15%	0.06%	0.05%					
	3	设备利用率	10%	80.0%	85.0%					
	4	万元人力成本	15%	1700元	1500元					
	5	产品合格率	20%	99.0%	99.5%					
KPI得分小计:						70%				
KPI权重小计:										
	序号	工作目标	权重	评分标准		完成情况(自述)				
GS	1	8月15日前拟定分厂内部工艺纪律检查制度,并于8月16日起实施。	60%	按时完成得满分,每延后一天扣10分						
	2	8月29日前配合研发中心完成分厂ERP系统的框架设计方案。	40%	按时完成得满分,未完成本项不得分		30%				
GS得分小计:										
GS权重小计:										
绩效得分:										
被考核人:**			直接主管:***				间接主管:****			

图 11-12 某公司某岗位绩效考核表

第 11 章 逐步装修"家"管理体系

绩效管理不等于绩效考核,绩效不是为了罚钱。绩效考核的方法,是实现实事求是的可量化、数据化的公正考核,把绩效结果与利益挂钩应用是绩效管理取得成效的关键。该部分应用一般和 OA 结合在一起,或者与 HR 系统中的绩效管理部分整合。

11.6 编写岗位职责和流程操作手册 SOP

1. 编写岗位职责

岗位职责:规定了各个岗位的工作职责,是评估其对应员工的能力及工作量的依据,也是评估其薪酬体系的依据,也是绩效考核的依据。

采购岗位职责如表 11-8 所示。

表 11-8 采购岗位职责

基本信息	岗位名称	采购	岗位等级	
	直接上级	总经理 / 生产经理	薪酬标准	
	直接下属	无	间接下属	无
岗位工作关系	内部关系	公司内部各部门		
	外部关系	客户、供应商		
职位概要	执行采购计划,编制采购活动分析总结报告			
工作职责	1. 随时掌握公司各部门物资需求及各种物资的市场供应情况,掌握财务部及采购部对各种物资采购成本及采购资金的控制情况,熟悉各种物资的采购计划 2. 在接到生产计划单时督促技术人员尽快把所需购材料清单列出来,常规的产品要求技术人员在两天内完成物料清单,新产品可以延长,但最多不能超过 5 天。采购单下达后督促供应商应在 7 ~ 10 天内把物料运送到公司,确保生产有序进行 3. 严格审核采购合同中的款项,订购业务必须上报总经理,经过研究后才可以付诸实施 4. 对于采购物资,要做到在物美价廉的基础上,尽量选用优质产品;对于季节性的物料,如部门尚未提出申购计划,应及时提供样板、信息,供经营部门参考			

续表

工作职责		5. 经常到各部门了解物资的消耗情况，根据需求订购，避免挤压，提高资金周转，经常与仓库保持联系，了解库存情况，全面掌握库存情况，有计划地安排好各项事务 6. 采购前，需要审核库存，以结合储备库存、减少库存为原则组织进货 7. 严格把好质量关，对不符合质量要求的物资要坚决拒收，根据公司的生产情况，积极争取订购货源 8. 公司各部门急需的物资要优先采购，并做到按计划采购，认真核实各部门的申购计划，根据仓库存货情况，定出采购计划，对常用物资及时办理，与仓管员经常沟通，做好物资使用的周期性计划工作 9. 对每一单收货进行严格的对单工作，确保所有的收货无误 10. 要熟悉和掌握公司所需各类物资的名称、型号、规格等，按计划完成公司各类物资的采购任务，并在预算内尽量减少开支 11. 严格遵守公司的财务制度，遵纪守法，不索贿、受贿，在平等互利下开展业务活动；购进物资要尽量做到单据（发票）随货同行交仓库验收，报账要及时，不得随意拖账、挂账 12. 努力学习业务知识，提高业务水平，外出采购时，要注意维护企业的礼仪、利益和声誉，不谋私利 13. 严格遵守公司的各项规章制度，服从上级领导的工作安排
责任范围		1. 分析原材料、零部件的历史消耗数据，依据生产计划编制物料需求计划 2. 对非计划备货物料，根据订单要求按单编制临时采购计划，以满足供货要求 3. 跟踪订单执行情况，监督采购物料及时到货，并满足销售订单的要求及生产需求
权力范围		1. 有权对供应商生产过程中出现的质量问题提出建议或停止采购 2. 对供应商交付的不符合公司要求的物品，有权拒绝
任职资格	个人素质	1. 具有积极进取的精神，责任心强 2. 有很强的自我约束力，独立工作和承受压力的能力 3. 具有较强的判断与决策能力、交际能力、沟通能力、计划与执行能力
	知识技能	1. 熟练掌握公司知识、原材料知识、供应商管理知识，具有较强的谈判能力 2. 能够熟练使用办公软件
	教育背景	高中及专科以上
	工作经验	一年以上采购相关工作经验

续表

工作环境	工作场所	办公室
	工作时间	正常、经常外出
	环境状况	一般
	危险性	基本无危险性
	使用设备	计算机、一般办公设备(电话、传真机、打印机)与本部门工作相关的工具和设备

2. 编写标准流程操作手册

随着生产规模不断扩大、产品日益复杂、分工日益明细、品质成本急剧增加，各工序的管理日益困难。如果只是依靠传统口头传授操作方法，已无法控制制程品质，必须以作业指导书的形式统一各工序的操作步骤及方法。

SOP（Standard Operation Procedure）是一种标准的作业程序，就是将某一事件的标准操作步骤和要求以统一的格式描述出来，用来指导和规范日常的工作。所谓标准，是经过不断实践总结出来的在当前条件下可以实现的最优化的操作程序设计。尽可能地将相关操作步骤进行细化、量化和优化，保证在正常条件下大家都能理解又不会产生歧义。

SOP的作用如下：

（1）将企业积累下来的技术、经验记录在标准文件中，以免因技术人员的流动而使技术流失。

（2）使操作人员经过短期培训，快速掌握较为先进合理的操作技术。

（3）根据作业标准，易于追查不良品产生的原因。

（4）树立良好的生产形象，取得客户信赖与满意。

（5）贯彻ISO精神核心（说、写、做一致）的具体体现，实现生产管理规范化、生产流程条理化、标准化、形象化、简单化。

ERP SOP 举例如图 11-13 所示。

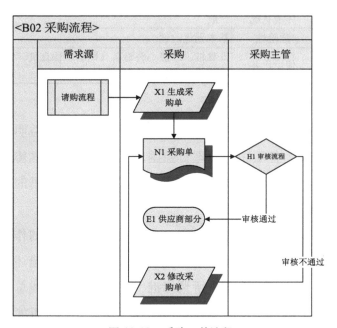

图 11-13 采购下单流程

采购流程详细描述如表 11-9 所示。

表 11-9 采购流程详细描述

序号	作业人	作业描述	操作路径
1	需求源	完成请购流程之后，将相关请购文件转入采购部门	订单管理＜请购单 订单管理＜采购建议书
2	采购人员	将相关请购文件，转入生成采购单。经过确认数量和价格之后，将采购单列印出，并交由采购主管部门审核 • 审核通过：则通过传真等方式通知供应商进行供货 • 审核不通过：则重新修改采购单，并再一次进入审核流程	订单管理＜采购单

• 212

第 11 章　逐步装修"家"管理体系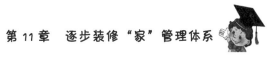

采购单审核流程说明如表 11-10 所示。

表 11-10　采购单审核流程说明

采购单审核流程		
条 件 序 号	条 件 描 述	复 核 人
1	<B02 采购单> 必须由采购主管审核后方交于供应商	采购主管
2		

单据输入规范如表 11-11 所示。

表 11-11　单据输入规范

单 据 名 称	输入规范要求	特 殊 说 明
采购单	时效要求：接到相关请购单据的当天，就应该对此请购单做采购处理 1.<采购单>只能通过转单而来。不允许采购人员自行"新增" 2. 表身<细项描述>栏位，填写此产品的一些特殊要求	此单据采购主管复核后生效

系统单据输出格式规范如表 11-12 所示。

表 11-12　系统单据输出格式规范

打印单据号	用 途 说 明
采购单	采购人员列印"采购单"

> **说明**
>
> 具体 SOP 如何编写请参照相关文件，本书不作详解。关于系统类的 SOP，企业在导入系统的时候，可以要求顾问提供标准化模板，品牌 ERP 公司都会有现成的 SOP 文档，各个企业只要结合自身特点稍加修改即可。

第 12 章 "家"文化建设方案

◎ 将企业文化梳理出来
◎ 将企业文化在内部宣传出来
◎ 将人文关怀行动起来
◎ 将奖励、处罚公布出来
◎ 将行为规范统一起来
◎ 将企业文化、教导组织培育起来
◎ 企业文化品牌外部宣传起来
◎ 中国企业执行文化的建立：从老板开始
◎ 文化执行的五要素：执行力、榜样、沟通、授权、监督

本章提示：

前面的章节陆续讲解了"家"文化推行的基础，有了管理方法和管理工具的支撑，让管理规章制度可以有效落实执行，企业软件形象和硬件形象也得到了较好的改善。接下来就是以文化宣传的角度，把公司形象进一步放大、传开、深入到每一位员工心里。

12.1 将企业文化梳理出来

编制《企业文化手册》，明确企业文化三要素内容，即企业使命、

愿景、价值观。

以三大要素为指导，细化分解为企业精神、经营宗旨、质量方针、用人理念、市场定位、产业构成、核心竞争力、可持续发展动力、组织体制、管理原则、社会责任和发展规划等具体内容。

确定企业LOGO：如企业名称标准字、标准色、LOGO设计、企业造型、象征图案、象征意义的阐述。

12.2 将企业文化在内部宣传出来

1. 视频宣传

在接待大厅、样品展示厅、公司广场等重要地点播放宣传视频，如图12-1所示。内容包括：

(1) 企业简介、企业发展历程。

(2) 市场定位及表现、产品技术创新及竞争力。

(3) 某某领导的参观来访或关注、媒体的关注。

(4) 企业使命、价值观、未来的发展策略、企业展望等。

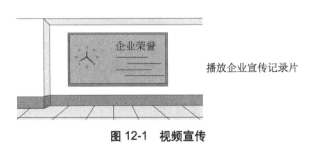

图12-1 视频宣传

2. 通道宣传

充分利用员工通道，如宿舍走廊、食堂走廊、车间走廊等地方，把员工通道装饰成为具有文化内涵的通道,如图12-2所示。

图12-2 通道宣传

3. 栏目宣传

在企业院子里建立企业文化宣传栏,分布不同的主题板块,主要包括近期发展目标、产品质量方针、公司各类通告、优秀人物、优秀员工事迹、近期开展的文化活动、活动时的照片、媒体报道剪辑、总经理信箱等,如图12-3所示。

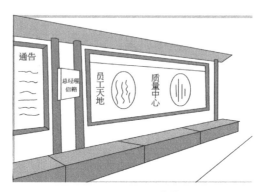

图12-3 栏目宣传

4. 其他场所文化精神形象宣传

针对不同地方设计不同的文化精神主题宣传图片,比如:食堂的节约粮食、节约用水;洗手间小故事、注重卫生;公共标识牌的安全提示;绿地爱护环境提示;公司旗帜、招牌、广告牌等,如图 12-4 所示。

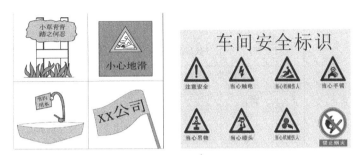

图 12-4　其他场所文化精神形象宣传

5. 期刊宣传

设计期刊的摆放位置（会议室、前台、入职人员培训室等），如图 12-5 所示。

图 12-5　期刊宣传

6. 日常行政办公用品

在日常行政办公用品上尽量多体现公司的 LOGO 及文化，如名片风格、邮件签名、公务礼品、信封、记事本、便笺、徽章、工作证、请柬、资料袋等，如图 12-6 所示。

图 12-6　日常行政办公用品

7. 确定装修风格

公司厂房、大厅、会议室、样品展示厅、办公环境、车间环境、食堂、卫生间等,都需要带有公司特有的文化元素装修风格,让人在远处只需看一下模糊的外形即可确定是哪个公司品牌。

12.3　将人文关怀行动起来

(1) 企业重要习俗、庆典:比如企业的周年庆、厂庆、搬迁、落成等。

(2) 公益活动:成立"×××教育基金",可与多方机构合作(如李连杰壹基金、姚明姚基金、腾讯公益基金会等)。

(3) HR为其他各岗位提供好后勤服务保障,业务、生产、售后、品质、财务等是一线作战人员,如何激发一线作战人员的斗志,让其安心作战,让其正确作战,这就需要后勤服务部门提供保障——人力资源部,如图12-7所示。

第 12 章 "家"文化建设方案

人力资源
NO 监管部门
JUST 后勤服务保障

图 12-7　人力资源部门

12.4　将奖励、处罚公布出来

针对积极行为、优秀员工,要积极、从快、公开地进行表彰,如图 12-8 所示。

图 12-8　及时激励

针对违反公司规章制度的行为,视性质严重程度,要果断给予处罚批评,该公告的公告,该私下教导的私下教导,同时在 HR 系统平台中给予记录。

12.5　将行为规范统一起来

编制《企业行为规范手册》,主要包括领导者规范、员工日常行为规范、服务行为规范（包括内部和外部的服务要求）、质量行为规范、企业公关策划与规范。

接待文化规范：重要客户、官员来访或者普通访客来访时，要统一接待礼仪、安排环境布置、指定文化专员进行拍照留影。事后形成专门的文稿，在宣传栏目、期刊、网站、OA 平台上进行宣传。

6S 行为习惯：在办公室及车间粘贴 6S 宣传标语，并有专人定期安排检查，安排评比。保持常态，使 6S 行为形成日常习惯。

12.6　将企业文化、教导组织培育起来

（1）管理层培训：培养管理者在企业文化建设中的领导、示范作用，开展如何把企业文化建设同企业的经营管理活动相结合的观念和技能的培训，如图 12-9 所示。

中层管理干部的培训，让中层硬起来

图 12-9　管理层培训

（2）员工培训：对于新进人员，除非是特殊情况，均建议脱岗进行为期 3～5 天的入职培训，核心内容为公司的简介、行为规范、企业文化和熟悉岗位流程，如图 12-10 所示。

第 12 章 "家"文化建设方案

员工入职前培训,《公司简介》《岗位技能》……

图 12-10　员工培训

（3）征集企业歌曲：新人入职时需要学习演唱，可以在公司重要的典礼上进行传唱（见图 12-11），在公司宣传视频上播放，在公司网站上播放。

大家一起唱企业歌曲，歌名"感恩的心"

图 12-11　唱企业歌曲

（4）定期开展自由交流活动：如规定每周五下午 4 点开始进行团队交流，以便于同事之间分享技能、分享创意，促进团队的融洽气氛。

（5）定期开展读书活动：有条件的公司可以在内部划分出一个阅览室，也可以外出跟其他公司员工一起读书。可以看各种各样的书籍，技能的、励志的、生活方面的等。同时在 OA 知识库管理模块中开辟一个栏目，大家可以自由地分享各种专业技能、管理心得、学习心得或者分享好的文章、推荐好的书籍等。这样有助于形成学习型组织的文化氛围，提高员工的综合素质。

12.7 企业文化品牌外部宣传起来

（1）网站宣传：在公司网站中增加"企业文化"专栏，记载公司的文化政策和日常的文化活动。

（2）对外交流活动策划时，需体现公司的文化精神，并在活动进行中的适宜时候进行讲解（促销活动、展会、广告代言、市场调查、公关活动、产品发布、公益活动、招聘活动等）。

（3）统一展示风格：橱窗展示、展会展示等，都需要带有公司特有的文化风格，包括经销商也要统一风格。

（4）利用好媒体，加强品牌推广建设。

- **户外广告**：如车身广告、户外高架广告、公交站台广告（适用于公司附近的广告站台，如康佳、联想买断其公司附近的站台广告，既可作为产品展示，也可作为招聘阵地）。

- **平面纸媒体**：借助和利用与教育电子公司有直接和间接关系的行业报刊，如《电子商情》《电脑报》《电子工程》等，策划、编撰和发表有助于某一教育电子品牌推广等价值的文章或论文。

- **网络媒体**：在主流网络媒体、专业网络媒体、地方有影响力的网络媒体上发布有关某一教育电子的消息。

- **电视媒体**：策划和拍摄广告方案时，需要体现公司及产品的文化。

- **新媒体**：在旗舰店所在的城市投放楼宇广告和车载广告，如focusmedia、isionchina的合作。

第12章 "家"文化建设方案

12.8 中国企业执行文化的建立:从老板开始

(1) 中国的企业文化往往是老板文化,企业家们常常抱怨自己遇到的最大的问题,就是下属缺乏责任感,没有将工作计划贯彻到底的决心。

员工做错了事,说是老板交代的,把责任推给老板。为何员工没有责任感?中国的企业文化,往往是一种靠强势领导而形成的老板文化。这是制造工具、没有大脑思维的文化,这是导致企业执行力不强的根本。在这种不够宽松的文化环境中,老板往往不允许员工犯错误,员工就不敢去尝试,去创造;老板没有授权,员工就不敢决策。老板文化,造成下属缺乏对企业的责任感,没有利用企业的平台来提升自我价值的意识,总说是为老板打工。企业过去的快速成长,是在一个生产相对不足的时代背景下、凭着老板的单打独斗获得的。而在进入一个迅速发展变化的、供过于求的时代后,如果企业遇到了老板过去从未遇到过的难题,那么下属就很难自己去独立思考从而进行创造性的解决,于是就会表现出执行力方面的种种问题。可以说,企业取得的成功,在于老板;失败,也在于老板。所以,今天中国企业变革最大的障碍,还是老板。

(2) 建立执行文化,从老板开始。

执行力的建立,靠的是文化,是价值观,是对目标的认同和凝聚。在过去,老板视下属为工具,但现在不同了,员工是广泛流动的,而且思维活跃,人们强调更多的是合作、是创新。因此,变革首先要改变老板的观念。我们每一个老板都需要学会尊重人、尊重人才。这样,才会有平等观念;有了平等,才会有思想自由;而一个自由宽松的环境，正是创新的沃土。首先，是价值观的培养，共同的价值观是良好的沟通平台，以此解决长期的、健康的发展或者短期的、自损的发展的问题。其次，树立目标，将注意力集中到一点上。为什么组织的智商是62，而个人的智商是120？因为组织内部常常内耗，成员专注的是个人利益，常不干事或不干正事，同时，又需要解决责任的问题。老板需要授权，让员工去尝试，去承担责任。只有人的观念改变了，每一个人都具有了全局的观念，不再是只考虑自己和局部的利益，抛开了过去的短期结算观念和局部结算观念，才能引发组织结构的变革；而组织结构变革了，才能释放每个人的潜在力量，才能建立起真正的执行文化。届时，在一个好的企业文化里，老板真正的作用，是企业环境的设计者，老板将变得不再像是过去的老板。

12.9 文化执行的五要素：执行力、榜样、沟通、授权、监督

1. 榜样

高效执行力的核心是"让领导变成员工，让员工变成领导"。就是让领导不要高高在上，要与员工打成一片，零距离了解员工，激励员工；让员工有领导的思维，承担更大的责任，把公司的目标当成自己的目标，提高自己的境界。

西方一些优秀公司，非常强调企业文化，重视价值观、愿景、使命的传播。公司规模虽然大，但出现混乱的情况很少，就是因为每个人都有相当的文化约束力。当然，这与西方社会普遍的宗教信

仰也有关系。

中国一些企业领导喜欢专注于具体工作，从而忽略了组织文化、战略规划、人才培养等基础工作，表现得更像一名员工。

而企业里的员工，由于上级的错位，使他们没有方向感，失去目标，整天漫无边际地谈论公司发展战略，员工看上去更像领导。

让领导成为员工、让员工成为领导，就是让领导确立企业使命、愿景、价值观，并将其传播到企业的每一个员工，让他们承担责任，把企业的目标当成自己的目标，拥有正确的价值观。

因此，领导必须树立榜样，以身作则；领导必须转换工作角色，使自己成为企业的牧师、教练。淮海战役，人民解放军只有90万，然而配合军队的老百姓却有540万，人民群众的参与是淮海战役的根本保障。高效执行力必须从领导榜样开始。从个人领导，到文化领导。

2. 沟通

执行力的第一流程是领导的榜样，但还必须将企业使命、愿景、价值观沟通到每一个人。每个月的8号，海尔集团首席执行官张瑞敏会组织高层宣导海尔战略；通用电气董事长每15天就要宣导其企业文化、战略目标；沃尔玛公司每周六会召集公司高层召开公司战略会议；伊斯兰教每天祈祷五次。

从海尔集团的一个月到伊斯兰教的一天五次，我们可以看出，战略沟通、文化沟通并不像中国企业似的，年初开大会宣布一次、年中再讲一遍。

西方公司抓目标落实已经成为他们的日常工作。据观察，这些财富500强公司已经把领导力培训变成公司每一个员工的必修课，而中国的绝大部分企业还把领导力课程当成"奢侈品"，仅有企业的高层才能"品尝"。

为什么中国的一些企业,"越大越累"?因为大部分员工把公司的目标当成领导的目标,领导与员工沟通太少,即使沟通,也是单向命令式居多,效果有限,同时缺少沟通的气氛和平台。

3. 授权

沟通的目的就是为了授权,授权的本质是让每一个员工承担责任,分担目标。实践证明,一个国家的授权和一个组织的授权能够释放每一个人的执行力。

中央将权力授予深圳,二十多年后深圳从一个小渔村发展成为一个国际化大都市;重庆成为直辖市后,出现了惊人的发展。

海尔在上海的营销人员了解到上海夜晚电价减半收费,立即通知青岛研发部门开发一种夜间才启动的冰箱,一周之后,新冰箱面世。如果没有授权,哪有这样高的效率?

有些公司对外是"市场经济",对内是"计划经济",所以无法满足市场的及时需求。

海尔打破企业内部的组织结构,形成内部市场,让每一个人都去分担市场目标,分担企业的压力。

联想集团总裁柳传志已经成功将权力授予杨元庆,从而使联想可以平稳运行。相反,三九、健力宝等企业由于没有处理好授权问题,创业家的命运让人可惜。

4. 监督

授权之后,并不是每一个人都可以把目标做到位,所以监督十分重要。海尔每一块玻璃都有人负责;麦当劳的厕所每隔十五分钟就有人打扫,并有人考核;刘翔的教练天天监督他的训练和思想情

第12章 "家"文化建设方案

绪。其实监督是一件很好的事情，人性存在弱点，很容易迷失方向，上至总统、下至平民百姓都需要监督，那些成功的人善于自我监督。通用电气韦尔奇每天上班都用5分钟回顾一下公司的发展战略。自我监督的一个非常有用的工具就是写日记，反省每天的行动与自己终极目标的关系，发现自己还存在什么不良习惯，如何培养新的良好习惯。笔者给日记起了一非常好听的名字——生命管理器。主动汇报是监督的最好形式，不仅可以获得上级的智慧点拨，同时还能赢得上级的信任，从而获得更多的授权与责任。

三国时如果马谡得到及时监督，如主动汇报，敢与他人商量，就不会失掉街亭。头顶三尺有神明，大凡有成就的人都对自然生命怀有敬畏，这也是一种监督。

结　　语

国企和外企管理文化差异引发的思考——"监控"与"引导"的区别

企业每个岗位都有对应的权利和职责。国企老总喜欢监控，通过设立人事部门制约各部门经理，以便确保其行为或决定符合公司的整体利益和要求，希望这个部门建立一些规范、制度、程序来帮助老总，确定该设多少岗位、招多少人、招怎么样的人、谁应该被开除或提升等。水平高的 HR 经理对各个部门的业务都有所了解，但是毕竟没有各部门经理对自己内部的业务更熟悉，而且二者站的角度不同，导致人事部和其他各部门之间总产生分歧。有分歧就自然会去找上层总经理。等到时间长了以后，各部门经理就会培养成一个习惯，找人事商量只是碍于面子，为了不得罪人，走个过场，一般打个招呼后，就直接去找分管老总。而人事也有"自知之明"，认为上面还有分管领导或老总，为了避免出错，自己就不做或少做决定。这样就导致最后公司的人事权又回到分管副总或老总手上。

国营企业的老总喜欢权力，可是他给予了人事部门不应该有的权力，所以这些权力最后就又回到了老总这里。最后因为老总手里权力太大、事务太多，导致宝贵的战略决策思考大大减少。

相反，外资企业的老总在这方面会轻松一些，他们寄希望于职能部门来帮助自己实施引导。当各业务部门经理认为本部门需要有人事方面或组织结构方面上的变化时，首先会考虑这种变化是否符合部门、公司的业务需要、是否符合公司短期或长期的人力资源规划。因为他知道，如果符合这些要求的话，这些申请通常是会得到批准的。

结语

人力资源部门从监管的角色向服务的角色变化。建立公司内部的程序与流程;建立人力资源短期和长期的策略;建立针对需求的各种解决方案;提供各种数据、资料、信息、培训帮助部门经理做出正确的决定;建立与部门经理冲突的解决机制;确保部门经理的决定是按照公司的程序及符合公司的策略。

当把人事部门设定为监督具体事务的时候	结果:像某些国有企业,靠关系,这样比较容易得到批准
当把人事部门设定为为其他职能部门服务的时候,如建立与其他部门冲突的解决机制(流程)	结果:像某些外资企业,走程序,这样比较容易得到批准

当我们试图把应该是各部门经理的权力还给他们时,业务经理在符合程序的情况下,就会有相当大的自由度。但业务部门总监、经理的权力太大了,会不会出现什么问题?

一个公司的权力集中在两三个人手上,或集中在几十人手上,哪一个管理更科学一些,哪一个风险更大一些?这几十人都做得很好吗?不一定,但由于参与分享权力的人很多,从统计学的角度出发,这样总体的风险比只有几个人参与决定的风险要小一些,投资准则如下。

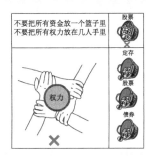

投资的准则:
不要把所有的资金放在一个篮子里
管理的准则:
不要把所有的权力放在几个人手上

结论一：老板学会权力下放，通过管控体系为各岗位提供服务，让其按照正确的程序作业，然后安心地像王石那样去爬山。

结论二：导入各种管理软件不是去监管各个岗位的作业，而是给各岗位提供一个正确的作业程序，并用软件固化下来，确保各岗位按照正确的作业程序去执行。